灿烂花开向阳处

一线班主任教育叙事

陈小燕　主编

天津出版传媒集团

天津人民出版社

图书在版编目（CIP）数据

灿烂花开向阳处：一线班主任教育叙事 / 陈小燕主
编 . -- 天津：天津人民出版社，2021.12
ISBN 978-7-201-18131-8

Ⅰ.①灿… Ⅱ.①陈… Ⅲ.①小学－班主任工作
Ⅳ.① G625.1

中国版本图书馆 CIP 数据核字（2021）第 275393 号

灿烂花开向阳处：一线班主任教育叙事

CANLAN HUA KAI XIANGYANGCHU：YIXIAN BANZHUREN JIAOYU XUSHI

陈小燕　主编

出　　版　天津人民出版社
出 版 人　刘　庆
地　　址　天津市和平区西康路 35 号康岳大厦
邮政编码　300051
邮购电话　（022）23332469
电子信箱　reader@tjrmcbs.com

责任编辑　谢仁林
封面设计　人文在线

制版印刷　三河市龙大印装有限公司
经　　销　新华书店
开　　本　710 毫米 ×1000 毫米　1/16
印　　张　14
字　　数　187 千字
版次印次　2023 年 1 月第 1 版　2023 年 1 月第 1 次印刷
定　　价　58.00 元

编委会

灿烂花开向阳处

东莞松山湖中心小学　陈小燕

"最好的教育并非把谁塑造得有多好，而是极尽可能地点燃'我'。"激发人的内驱力，让生命之花向阳而开。

本书没有高大上的理论，只是一些普通教师的教育故事，这些故事来自一线班主任每天的日常。你会看到"断臂"扫把的幸福时光，听到"国王"和"天使"的故事……而这些故事每天都在上演，永远也讲不完。透过这些故事，你能听到孩子们生命拔节的声音，你能感受到班主任爱和智慧的光芒。

小学班主任大部分由语文、数学、英语教师担任。在小学，班主任的工作大多是兼职，但花费的时间一点儿也不比主科教学少，甚至会更多。在幸福与纠结中，老师们拿起笔，在茶余饭后写下了一个个鲜活的故事，本书选取了一些与大家共勉。

一个个孩子就像一颗颗种子，只要有合适的土壤、水、空气、温度，他们终将落地生根，开花结果。老师只要努力寻找适合孩子生长的土壤，适时浇水、施肥，控制好温度，每一个孩子自然都是幸运的孩子。

愿每一颗种子都向阳而生！

目录

contents

目录

年轮的回响：
一线班主任的生命叙事

年轮的回响

陈小燕

25 年的班主任经历，像树的年轮刻印在我脑海中，一个个鲜活的故事总会不由自主地浮现在眼前。

一、直抵心灵的教育才是真教育

爱是教育的原动力，只有走进学生心灵的教育才是真教育。"师者，所以传道受业解惑也。"老师传的不应该只是学之理，还应该有人之道。

我 1996 年师范毕业后，在东莞市区的一所小学做了四年级的班主任和语文老师。学校不大，只有两栋三层高的教学楼、几间瓦房和一个操场。操场一角有一棵高大的榕树，枝繁叶茂，遮蔽了半个操场。这所学校大部分的学生都是来自附近工厂的工人子弟。20 世纪 90 年代后期，附近的国有企业逐渐走向萧条，大部分工人面临下岗，父母们忙于生计，孩子的家庭教育方式基本属于放养型。四年级（2）班的教室就在校园的一角，是一间瓦房，40 多平方米，还算宽敞，但由于两边高大的教学楼的遮挡，教室里光线不足，需要终日开灯。

我负责的班共有 43 个孩子。那时的我刚毕业，身高和班上的高个子男生差不多，就这样开始了我的教师生涯。

开学的第一个月，我便遇到了教育生涯中的第一个滑铁卢。

这一天上数学课时，一位同学突然从教室里冲出来。我仔细一看，原来是我们班的小滨。我连忙跑过去把他拦住，他瞪着我不说话。我问他遇到什么事了？他也不回答。我说："现在还没有放学，你还不能回家，有什么事可以跟老师说，老师帮助你。"他大声嚷道："我不需要你们管！""你从教室跑出来，大声叫嚷，很不尊重老师。""我为什么要尊重你？"他大声吼道，继而眼泪哗啦啦地流下来。这着实吓了我一跳。"我为什么要尊重你？"这个问题让我一时回不过神来，从没有人问过我这样的问题。

我把小滨带到办公室，让他先冷静下来。等他情绪平复后，我询问了具体原因，原来是他上数学课时开小差被老师批评了，他不服气，然后就跟老师顶撞了起来，最后还冲出教室。后来，经我多方了解，情况确实如此。

小滨是附近木材厂的工人子弟，父母离异后跟着爸爸一起生活。爸爸忙于生计，很少管他。

等他情绪稳定下来，我再跟他讲道理他就能听进去了，最后他认识到了自己的错误，主动跟数学老师道了歉。

这件事之后，我多次到他的家里家访，争取得到家长的支持和配合。平时，他爸爸加班，不能按时接他回家，我就把他叫到我的宿舍，给他做一些吃的，有时候还会辅导一下他的作业。慢慢地，他的学习状态好了一些，上课比较专心，成绩也有了进步。就这样磕磕绊绊、反反复复，我一直带他到六年级毕业，顺利升入初中。

后来很长一段时间里，我都会想起小滨的那句话——"我为什么要尊重你"。是啊！孩子为什么要尊重我？我的教育是否真正走进了孩子的心灵？我是否设身处地地想过孩子的处境？是否真正地理解孩子……在后来的教学中，我时刻保持警醒，俯下身来为孩子着想，并保持一种同理心，真正走进他们的心里。甚至适时地仰视他们，把他们放到教育、教学的中央。只有这样，教育才能真正发生。

二、陪伴是最长情的告白

2007 年，我来到东莞中学松山湖学校小学部担任六年级（5）班的班主任和语文老师。这是我从教以来教过的人数最少的一个班级，全班只有 17 名学生——14 名男生、3 名女生。其中，有 15 名学生是从外校转学过来的插班生，另外 2 名学生是从其他班转过来的，大家共同组成了一个新的班集体。

因我有十几年的班主任工作经验，同时也因为学生人数少，所以班级建设非常顺利。这些孩子一周都住在学校，周末才被家长接回家。由于之前没有经历过寄宿生活，刚离开家独立生活有些不适应，不少学生晚上会偷偷抹眼泪。为了缓解孩子们对家的思念，我每天都会到宿舍，在熄灯之前陪孩子们聊聊天，唠唠家常。那一年圣诞节，从不过"洋节"的我特地给每个孩子准备了一份圣诞礼物，趁孩子们睡着后，悄悄地放在他们的床头。第二天，孩子们都欣喜不已。我记得每个孩子的生日，会给他们办个简单的生日会。我设立了"家校联系本"制度，以及每天的固定栏目"我的心语"，孩子们会在"我的心语"中写下他们一天的喜怒哀乐，我每天都坚持阅读，一旦发现孩子遇到困难或心情不愉快，便及时解决和疏导。周末，我让孩子们把家校联系本带回家，以便家长了解孩子一周的在校情况，同时也能让家长放心。慢慢地，孩子们适应了寄宿生活，为以后初中的寄宿生活打下了良好的基础。

在寄宿的日子里，陪伴是对孩子们最长情的告白。当他们离开父母，住在学校的时候，老师就像他们的父母一样，时刻给予他们心灵的慰藉，并陪伴他们成长。这段日子让我非常难忘。

三、让每一个你我遇见更好的自己

2014 年，因学校工作需要，我接手了一个一年级的班级。作为一个有着十几年中高年级班主任经历的我，一下子接手了一个一年级的班级，内心确实有一些彷徨。都说勤能补拙，笨鸟先飞，我想早早做准备。整整一个暑假，我都在想：要建设一个怎样的班集体？要培养怎样特质的学生？要建设怎样的班级文化……好在时间充裕，我可以慢慢和家长、孩子们一起商量、讨论。在那段日子里，我们常常通过班级微信群讨论，最后确定了班级的个性化名称：水木清华。木即树木，清华即清幽美丽。水木清华的意思是：形容园林里池水花木清幽美丽。语出东晋谢混的《游西池》中的"惠风荡繁囿，白云屯曾阿，景昃鸣禽集，水木湛清华"。另外，水木清华也是北京清华园中最著名的景点。我们的学校位于山清水秀的松山湖，校园内花木扶疏、欣欣向荣，泉水涓涓细流。我希望孩子们就像清泉般清冽透亮，像树木般蓬勃有朝气。

在班级管理上，我采用"问题 +"的班级管理模式。对儿童来说，问题即内因，问题即需求；对教师来说，问题就是课题，班级管理就是不断发现问题、研究问题和解决问题的过程。"+"指的是外因赋能，具体指三个育人渠道，即养正课程、自主管理、拓宽资源。具体如下：

养正课程—课程涵养人。"我是安全首席官""我的学校，我的家""课前三分钟"等养正课程，重心下移，贴近孩子，把孩子放在教育、教学的中央，顺势而导，在尊重学生主体地位的同时，充分发挥教师的主导作用，助力学生成长。如"课前三分钟"，每天利用语文课的课前三分钟，让每一个孩子轮流当小主播，站在教室的中央讲名人故事。这既培养了孩子们的口头表达能力，又锻炼了胆识，同时也能对孩子们进行价值观念的引领，润物无声地告诉他们应该成为什么样的人、追什么样的星。

自主管理—培养内驱力。通过"我的班级我做主""班队精神家园建设"等不同的形式激发儿童内驱力，让孩子发现自己以及同伴的潜能，与大家共同成长；班级事务人人有事做，事事有人做。让每一个孩子都能遇见更好的自己。

拓宽资源—育人无边界。有效整合社会、企业、家庭、学校、班级等资源，以助力学生成长，通过"爸妈故事会""问渠讲坛"等活动，把各种优质教育资源引进课堂，引领孩子成长。

问题（内因）导航，外因赋能，营造出安全、润泽、积极向上、富有内涵的班集体氛围，为学生的关键能力和必备品格加持。

最好的教育并非把谁塑造得有多好，而是极尽可能地点燃"我"，激发人的内驱力，点燃我之为我的生命亮度，让生命之花向阳而开。这既是教育的真谛，也是我工作的准则。在点亮自己的同时，也点亮学生。

以梦为马，不负韶华

——一名班主任的成长故事

刘美玉

你做三四月的事，在八九月自有答案。

——余世存《时间之书》

我从教 14 年来，一直担任班主任工作。这期间，有年轻气盛的躁动，有浅尝甘霖的欣喜，有屡遭挫折的痛楚，也有不眠不休的焦虑，从最初把教书作为一种过渡职业，到如今把教书当作毕生追求，其中的苦与乐只有自己才知道。但我深爱班主任这份工作，我知道作为班主任所要肩负的责任和重担。正是这份责任和重担，让我的工作每时每刻不敢有丝毫懈怠……

一、追随孩子，共同成长

很多时候，我们教师总以自我为尊，面对学生时滔滔不绝。其实，真正的老师是我们的学生，因为是学生在引导着教师成长！

在职业生涯中，对我影响最大的应该是多年前接手的那个班上的小苗。有一天，我们刚开完有关自信的主题班会，我提议让每个孩子写下一段心里话，然后上台朗读。他们一个个自信满满、畅想未来。轮到小苗时，她低着头，慢吞吞地走到讲台上。站定后，她抬起头，两只无辜的眼睛里没有神，似乎还蒙着一层白雾。我以为她不好意思，走过去拍了拍她的肩膀，鼓励她大胆地读出来。她深吸了一口气，好像过了一个世纪，才拿着纸条读了起来："我很希望自己变得自信，可是我的自信心就像漏水的袋子一样，一滴一滴地漏光了。"小苗的声音很轻很轻，却如雷声般在我耳边炸开了。如今回想起来，她这句话仍然像鼓点般打在我的心头。作为她的班主任，我更多地关注了她的行为品质，却忽略了她在学习上遇到的困难。

拿什么帮助你，我的孩子？这个问题一直萦绕在我的心头。

我开始找各种方法来帮助小苗，在学科上联合各科任课老师，在课堂上多关注、多提问她，找学习能力强的学生带着她一起学，还根据她喜欢画画的特点，专门举办了"班级小小画家"活动，来激发她的学习兴趣，提高她的自信心。渐渐地，小苗脸上的笑容多了起来，学习成绩也有了一定进步。我明白，一颗自信的种子已经在她心中生根、发芽了。那天下课后，声音沙哑的我拿起讲台边上的水杯喝了一口水——竟然是菊花茶。我不由得一愣，只见小苗笑着对我说："老师，您辛苦了！"

小苗治疗的不仅是我的嗓子，更有效地治好了我所有的职业倦怠。从此以后，我更喜爱我的学生，认可我的职业。10余年来，不管遇到什么困难，我都没有放弃、灰心过，始终保持着教育的初心，以最大的热情来对待每一届学生。那杯茶的香味已经永远沉淀在我心中最温润的地方了，虽然淡淡的，却悠远持久！

从那以后，我更坚定了自己的梦想：竭尽全力去帮助那些学习上缺乏自信和方法的孩子，让他们始终保持一颗积极向上的心，自信、阳光地成长！

现在，我又接手了新的班级，面对的是一群天真无邪的低年级孩子。在纪律上，他们都很听话，不用我花费太多的心思；在学习上，有几个学生却让我感到很棘手，他们总是跟不上进度，每次测评，他们的成绩都不尽如人意。即便如此，我对他们也没有放弃。因为我知道，对于一个教师来说，放弃了一个学生，不过是放弃了百分之几或百分之十几的希望，而对于一个家庭来说，放弃的却是百分之百的希望。我始终坚信，"只要功夫深，铁杵磨成针"。

二、广泛阅读，增长能力

自工作以来，我总是借口忙，没有好好地看过书。直到有一天，我发现工作中存在很多问题，如果只是"头痛医头，脚痛医脚"，就会被工作牵着鼻子走。于是，我开始真正地从专业上审视自己。我是语文教师，那么我的专业知识精深吗？我是班主任，那么我的管理能力强吗？我只能如实回答：我的专业知识实在太浅薄了。只有广泛阅读，才能弥补自己的不足。于是，利用工作之余，我买来了国内外相关教育理论著作，书上教会我在课堂上该如何调动学生的学习积极性，如何遵循学生的身心发展规律来教学，如何面对多动症儿童，等等。《儿童心理学》《积极心理学》《问题学生诊疗手册》《做一个专业的班主任》等著作早已成为我工作的指导用书，常翻常新。一开始，那些晦涩难懂的字眼让我数次掩卷叹息，但是我早已跟学生们立下了目标——一个月阅读完一本书，这让我不得不鼓起勇气，强迫自己静下心来阅读。不知不觉中，我阅读的时间越来越多，专注度也越来越高，笔记也记录得满满当当。有了理论支撑的我，在处理问题时思路更开阔了，方式也更灵活了。

三、见贤思齐，提升素养

一个人可以走得很快，一群人可以走得更远。2017 年，我先后申请加入了东莞市陈小燕名班主任工作室、松山湖陈小燕名班主任工作室。在陈小燕老师的引领下，我与一群有智、有志的小伙伴们聚在一起。线下，我们一起参加各类活动，近距离聆听专家的教导；线上，工作室成立了交流栏目——成长在线，构建了一个"云学习场"，打破了研修时间和空间的限制。每周一，工作室项目负责人会推送一篇班级管理方面的文章或主题班会案例到工作室微信交流群里，大家阅读后会发表自己的"微思考"。有时，推送的文章就像一场及时雨，润泽了我们每一个学员的心。比如，期末考试到了，"如何给学生减压"这个话题就像一颗小石子投入心湖，泛起层层涟漪，让人不禁深思。在交流群里，我们互相问候、交流谈心、畅所欲言、相互学习。交流群成为见证我们成长的一方乐土。更幸运的是，我们的导师会毫无保留地为我们分享班级管理的经验和处理特殊孩子、特殊家长的技巧，让我少走了不少弯路；我的导师发表在《班主任之友》上的一篇教育叙事文章让我明白，在教育学生时，我们要弯下腰来认真聆听，要设身处地地了解孩子的实际情况，让表扬和惩罚都能最大程度地发挥它的教育效能。

14 年，说长不长，说短不短，虽磕磕绊绊，但也并非一无所获。未来的日子里，我希望自己能够始终情怀不减、初心不改，继续以梦为马，不负韶华，和孩子们一起成长，共同进步。

足　迹
——我的班主任成长史
谢金凤

时光荏苒，起身落座，盏茶而已。转眼间，我已入杏坛 13 年，带过 4 个班级。从学生到教师，从青涩到从容，回望流逝的时光，足迹点点，从现在延续到未来。我一直在努力，让这份职业既有科学的智慧，也有艺术人性的关怀。

一、浪漫期：遇见那朵七色花

"七色花苑"是我接手班主任工作的第一个班级。

刚毕业的我，没有冷静沉稳的办事风格，也没有圆融豁达的交流技巧，更没有长远的目光和顾全大局的缜密思维，但是有满满的爱和热情，让我和我的学生难以忘怀。

当我第一次在学校饭堂，看到热情洋溢的孩子们争先恐后地跟我打招呼，刚当老师的我彻底被点燃了。我们一起跳绳，一起折纸，一起玩呼啦圈。印象最深刻的一次，是在热闹的饭堂里，有个孩子肚子不舒服，在楼梯口提着湿漉漉的裤子瑟瑟发抖，我赶紧借来裤子给他换上。

后来，他那害怕、纯真、信赖的眼神一直重现在我的心头。我会因为孩子一句"不想今天是周五，我还想来学校"而激动得彻夜不眠。那时候，我的QQ空间写满了我和学生的日常，那台笨重的电脑记录下了每个孩子成长的档案……那些可爱的孩子，我带了3年，他们获得了东莞市"优秀中队"的荣誉。当他们升四年级的时候我落泪了，感觉就像自己养在闺中多年的女儿要出嫁了，那些相伴、相守的岁月一去不复返了。

记得有一次，我在路上摘了一朵白色的蒲公英送给一位同学，轻轻放在他的桌子上，他一吹，"白雪"漫天飞舞，我们都惊呼："好美！"这美丽的年华里有你的童年，更有我的青春，大家都在最美好的时光里遇到了彼此。或许没有什么比全情投入更值得赞颂的了。

教育最基本的底色，是热爱。

二、课程探索期：那些星星的传说

"星河传说"和"快乐星族"，这两个与星星有关的班级我分别带了3年（除去产假时间）。如果说"七色花苑"是我的浪漫期，那么在这段时间里，我的思考更深入了，学会了在课堂这个阵地上引领孩子们于课程中育德。

带"星河传说"时，我挖掘了很多有意义的活动，比如："与气球宝宝过一天"，让孩子们懂了妈妈的艰辛；有趣的折纸比赛，让孩子们感受到了创意的欣喜；才艺展示，让孩子们收获了自我肯定；设计趣味广告，让孩子们体会到了语言的魅力；对长辈的智慧采访，让孩子们惊叹长辈的人格魅力……多姿多彩的活动让我们心意相通，虽然没有很多显赫的成绩，但我和孩子们一起，在一个个活动中忙碌着、成长着。

带"快乐星族"时，我更专注于课堂，开启了体验型课程的教学之旅。我赶上了学校的第二个"五年计划"，搭上了课程改革的便车，积极参与德育课堂的设计，明白了学生的成长不是被告知，而是从体验到内化。通过沉入式研究体验型课程，如"梦想课程活动设计""小活动·大德育"，我的活动设计能力又得到了进一步的提高；"我们是团结的毛毛虫""人生'十字架'""搭建梦想""你的能量超乎想象"等丰富多彩的课例更是让孩子们收获满满。同时，我带着让我成长、让学生学会珍惜的"爱我现在的时光"到番禺和佛山等学校上课。通过师生的共同努力，充满创意合作的"我型我秀"活动获得梦想课程华南赛区二等奖，教学设计和录像课"多为他们想想"获得东莞市二等奖……

在不断的实践中，我将班会定位为"是班级育人的方式，是品德自我构建的平台"，将"我看见了，我就记得了；我做过了，我就理解了"确定为班会的中心思想。这样，在课程这片沃土上，成长就变得更踏实了。

三、人的理解期：每一朵花儿不一样

"晨曦花谷"，让我慢慢开始从教课程到教人。

这个美好的班名，让我看到了万紫千红、百花齐放的花海。孩子们有的说自己像梅花，坚韧不拔；有的说自己像仙人掌，有自己的锋芒；有的说自己像喇叭花，忍不住想说很多话……

他们是这样说的，也是这样做的：爱推搡的小刘身体壮壮的，却有一颗稚嫩的、纯纯的心；脾气异常火爆的小潼有时又非常讲道理，能条

理分明地把问题捋得一清二楚；上课时一脸茫然的小鑫却能在他的画作里线条分明、主题突出地描绘出心中的理想；从不顾及别人感受的小悠却很热心肠，班里有事经常主动帮忙；喜欢跟你唱反调的小杜却又那么期待老师的表扬……我深知了解的重要性：原来每个孩子都不一样，是人就有差异。教育的本质是了解，看见教育的起点，才是教育的真正开始。了解学生的性格特点，才能击中要害，使"传道受业解惑"顺利进行。

我开始观察与思考：为一些特殊的孩子写下很长的记录，每个月给孩子们写信，整合成长档案袋；基于多元智能理论，我创立了富有自己特色的"心意"评价方案，拉近了我和孩子们的距离。同时我还坚持教育反思：一方面记录下我看到的那些教育的美丽，让我保持对教育的热情；另一方面反思自己的不足，鞭策我做最好的自己。

我也学会了等待。有些孩子用了很多办法，可仍然没有达到理想的效果，我开始理解与接受，他们改变很慢，可能会在我不知道的未来方能见成效。但我知道应该用 50 种方法去教育一个孩子，而不是用一种方法去教育 50 个孩子。

每送走一批学生，我们的教育就会回到原点。教育始终是一个全新的东西，要想做得更好，就要不厌其烦地学习。学习是我们教学的常态，所以哲学、文学、心理学等书籍，我都会一一找来阅读；苏霍姆林斯基、魏书生、李镇西、魏智渊、钟杰等老师的书，更是我案头必备的精神食粮。我不知道自己将来还会遇到怎样的班级、怎样的学生，但我相信只要能够不断提升自身的专业素质，所有棘手的问题我都不怕面对。

"浴乎沂，风乎舞雩，咏而归。"从登上讲台的第一天起，我就崇尚那种美妙的师生关系。回望这 10 余年的班主任生涯，也许每个阶段各有侧重，但更多的则是融合，是对职业的热情、对课程的精益求精、对学生的深入了解，它们都赋予了这份职业更多的从容和更大的意义。未来的路还很长，作为班级的灵魂——班主任，要带着班级走向何方？如何去？这些问题我还要不断地去探索和思考，争做学习型、研究型和智慧型的班主任，让我和孩子们的每一场相遇，都变成他们人生温暖而美好的底色！

成长路上，花开有痕

——一位年轻教师的成长自白

黄文意

"我不是在最好的时光遇见你们，而是因为遇见了你们才给了我这段最好的时光。"

一、心中有光，是热爱

"你天生就是当老师的料。"

谁曾想，高中时期在我为同学们讲述一道题时，班主任老师对我无意间的一句评价竟影响了我的一生。

初登三尺讲台，心中全是对教学的热爱。只要一想到自己是那个可以影响无数学子的人民教师，我就抑制不住内心的澎湃。

我迎来了人生中的第一届学生——稚嫩的一年级。可爱、纯真如他们，却也是一念天使，一念顽童。可那时刚毕业的我，哪里会怕这些，我感觉浑身上下有使不完的劲儿，他们足够顽皮，而我也足够耐心。

不爱写字的小崔。一节课下来，别的孩子都写好了漂亮的生字，他却硬是一个字都不肯写，还在地上撒泼打滚。我也任由他使小性子，放学后，他还是得留下来写完，看谁拗得过谁。

活泼爱动的小涵。聪明伶俐，但她就是上课坐不住，总爱在课堂上随意走动。即便如此，我还是想着法子和她约定：如果能坚持坐在位置上 20 分钟，我就奖励她小红花贴纸。

乐天派的小唐。学习能力不强，但每次遇到他，他总是乐乐呵呵的，作业完成情况欠佳，却十分热爱劳动，每天放学都会拿着扫把认真地打扫教室。家长发来"不好意思，孩子成绩总是拖班级后腿"的信息时，作为教师，我仍旧不愿放弃他，隔三岔五地利用放学后等校车的时间给他"开小灶"。

聪明劲儿十足的小邓。课间跑、闹总少不了他的身影，一次、两次、三次，我反复而耐心地引导着，站在他面前一遍遍地强调安全的大道理。结果一下课，他又一溜烟地跑了出去。有一次雨天，地面特别滑，小邓仍旧在教室外的走廊里飞快地跑着，眼看就要摔倒，幸好被路过的老师扶住了。正当我生气地教育他时，他竟一脸笑嘻嘻地看着我，仿佛我的担心、生气就是一场笑话，他根本没有听进去一词一句。看着他这般模样，我的眼泪不争气地从眼角滑落，大概"恨铁不成钢"说的就是这种心情。

即便如此，看着孩子们一天天地成长，我内心仍旧为他们的小进步欣喜不已。教师的幸福感也许是那一张用稚嫩笔画书写的贺卡，也许是那一声声甜甜的"谢谢老师，老师辛苦了"。

后来我不再教他们了，他们仍旧记得打电话、发信息向我诉说着思念……

初出茅庐的我，爱心十足，但修行远远不够。教学之路也许充满坎坷，但我愿不断尝试，用足够的耐心与恒心披荆斩棘，一路高歌，勇往直前。

二、眼前有雾，是迷茫

俗话说："初生牛犊不怕虎"，作为一名年轻教师，我非常乐于尝试及挑战新事物。后来，我来到了一所新学校，接手了新班级。

这是一个全新的开始。学校给我提供了更大的平台，同时也对我提出了更高的教育要求——除了负责基础学科课程外，还要负责拓展性课程及主题活动课程。这意味着我要从单一型教师转为复合型教师。以前我一心只想着怎么教好语文，履行好班主任的工作职责，而如今，我要学习的还有很多。

一开始我觉得很吃力，因为很多工作上遇到的问题，大学的课堂里根本没有学过，比如怎么处理学生之间的矛盾冲突，又比如班主任和家长沟通时的语言艺术，都是高深的学问。

"一个人也许会走得很快，但一群人可以走得更远。"和一群优秀的人在一起是一件非常有压力的事情，我生怕自己不够优秀，更怕自己不够努力。幸运的是，学校给我们年轻新教师都"配备"了一个有经验的"师父"。有老教师带着，眼前的路仿佛明亮了许多。

然而，前进的路上也会有迷茫的时刻。有时候，付出了不一定很快就能有收获。

印象中的小媛活泼有余，但自律不足，三天两头地和班上的同学发生小摩擦，上课爱讲话，下课爱打闹。比起学习成绩，我更注重的是对她行为习惯的培养，但改变她儿时养成的顽劣习惯谈何容易。为了减少她和同学的矛盾，我在她身上没少下功夫。她上课爱讲话，我就给她安排文静内向的同桌，并经常在课堂上表扬她同桌的坐姿及听课认真，对她进行侧面影响教育。刚开始，她见同桌坐好，也能安静地坐上好一会儿；但后来，由于经常会被同桌"投诉"上课影响学习，实在没办法，我只能让她自己单独坐一段时间。于是我改变方法策略，鼓励她积极参与课堂回答，把讲话的精力用在课堂上。

她课后也不让人省心，经常和同学发生小矛盾，一会儿被"投诉"拿了谁的铅笔、橡皮，一会儿又被"投诉"骂人，因孩子的习惯问题我没少和家长沟通。针对她出现的问题，我也联合家长想了各种奖励、约束的小办法，但她时好时坏，确实令人劳神费心。

很多时候，我们会把学生身上的问题反思到自己身上，责怪自己，痛恨自己，甚至一度怀疑学生不优秀，是否因为做老师的不够优秀？

带着这样焦虑的情绪，我不禁反思：自己是否真的适合当一名教师？

三、拨开迷雾，是坚定

又是一年教师节，我收到了一封厚厚的手写信和很多张卡片，是小媛和班上其他几个同学写的，信里诉说的是满满的想念和感谢，接手班级的刘老师也发来了孩子们的祝福视频。也许一场师生情并非就此烟消云散，在孩子们心中种下的温暖种子，也曾温暖过他们童年的某段时光。

我曾经想过，如果离开教师行业，我还可以做些什么？一个声音告诉我，一切皆有可能；而另一个声音却告诉我，我只适合当教师。

我曾听说过：教师的工作是重复枯燥的，你能看到自己30年后的模样。这一句话曾吓退不少年轻教师，当时我也因此彷徨迷茫过，但很快我高中班主任老师所说的那句话又回响在我的耳边："你天生就是当老师的料。"

苏霍姆林斯基曾说过："热爱孩子是教师生活中最主要的东西。"

显然，我爱我的学生，我愿意做那擦亮星星的人，并为教育事业奉献我的一生。

也曾有人说过："人之所以迷茫，是因为想得太多做得太少。"既然选择了教师这条道路，就要勇敢地走下去，除了自己，没有人能轻易否定你的人生选择。

我深知，每一个孩子背后都是一个家庭，教好一个孩子，影响的是一个家庭。我曾因感觉责任重大而退缩过，但更感谢那些受尽挫折的时光，令我变得更加强大。也许年轻最大的资本就在于：在哪里摔倒，就会从哪里爬起来，再奋力奔跑。

从那之后，我一改青春的傲气，虚心学习、请教名师，多听老教师的课，多学习前辈的经验。从有经验的教师们身上，我学会了很多班级管理的智慧与方法；从一次次的教学研讨中，我逐渐领悟了教学的新魅力。教学不仅是简单的传道授业，上课也不是简单的知识灌输，真正的学习是让学生成为教学的主体，成为课堂的小主人。

如果你问我从教 3 年收获最大的是什么？我会告诉你，我用了 3 年的时间，坚定了未来的人生方向。虽然过程有些曲折，但虽晚不迟。

假如你问我遇到的最幸运的事情是什么？我可以告诉你：是跟着陈小燕老师学习的那段时光。从她身上，我看到了自己努力的方向。也许我不一定会如她一般优秀，但她如一缕阳光，引领着我未来的职业发展方向。

就如前面所言，受挫后的我并不自信，一度怀疑自己是否真的适合留在教师队伍。幸运的是，学校安排我跟着陈小燕老师学习。她的每一节课我都拿着小板凳坐在底下听着，拿着听课本坐在学生旁边记着，并用心观察孩子们每节课的学习是否真正有收获。

每听一节课，我都如获至宝——原来语文课还可以这样上！她把每一堂课的教学目标都落在实处，对学生的提问简单利索，对学生的关注体现在方方面面。可以说，每一次课都是一种直击心灵的震撼。

我曾以为有经验的教师们早已对教材谙熟于心，根本无须备课。然而在陈小燕老师身上，我看到：无论前一天的工作多么烦琐，她总是会认真地备课，用红笔清晰地标注出每个细节和重难点；因兼任行政工作，她还有很多教学以外的事情要做，可她永远用一本备忘录，把每天的工作安排得井井有条：作业登记本上写满了孩子们的作业情况反馈，班级微信群里总是第一时间反馈孩子们的学习情况……

一种无声的力量在我心中绚烂生花，这就是我心目中教师的真正模样，也是我想要努力成为的样子。

跟着陈小燕老师学习的每一天都是愉悦、幸福的，因为她不仅是简单地教书，更把育人做得润物无声。

如果来听她的课，你会惊喜地发现，孩子们在课堂上是多么得认真、专注。她灵活运用"课堂小明星"的评价机制，让孩子们从坐姿、倾听、举手发言等方面从严要求自己，学生为了得到老师手中的表扬信，会努力约束自己的课堂行为，毕竟这是一种荣耀，是来自老师的肯定与鼓励，这让孩子们学习更积极了。

"课堂小明星"的评比从刚开始的一天一评，到后面的两天一评、三天一评……不断地对同学们的听课专注度提出更高的要求，孩子们也在这样的评价机制中逐渐成长为更好的自己。

这确实是一个不错的办法，以致后来我自己带班时也将这套好用的评价机制搬了过来，它能在一定程度上帮助学生培养良好的听课习惯。

陈小燕老师不仅课上得好，在她身上我也学到不少德育的好方法，如如何智慧地处理同学间的小矛盾。

一次课间，A 同学和 B 同学因一件小事打闹起来，B 同学先动口骂人，A 同学一生气就动手打了过去。你来我往地就演变成了一起打架事件。事后，双方同学都认识到自己有做得不对的地方，然后互相道了歉。但事件还未结束，只见陈小燕老师拨通了 B 同学家长的电话，把手机递给了 A 同学，让他自己跟对方家长道歉。家长一听是孩子们之间的小打小闹，自己孩子也有做得不对的地方，赶紧原谅了先动手打人的 A，并安慰他们要好好相处，不要再有下一次就好。

这一举动，既解决了同学之间的小矛盾，更给先动手的 A 同学上了印象深刻的一课；再者，给被打孩子的家长打一通电话，在一定程度上可以预防事件回家后发酵演变，问题及时在学校解决，先沟通坦白，以免家长回家看到孩子受伤再秋后算账。此举实在是高明。

有这般经验丰富、成熟睿智的"师父"在前方引领着，前路怎会迷茫？我一扫心中的阴霾，取而代之的是新燃起的希望和斗志。

四、柳暗花明，是专业

在陈小燕老师的鼓励下，我参加了学校新教学方式变革的现场大赛，从教案设计到现场赛课，她都给了我无限的鼓励和信心。

对于我而言，这不仅是一次比赛，更是一次证明自我的机会，我要以此告诉自己：我可以做好，甚至可以比以前更好！

从一遍遍教案设计的更改完善，到一次次借班磨课的现场实践，每一次讲课时暴露出的问题，我都争取在下一节课不再出现；我虚心请教，让听课老师们给我提意见，力争把课上得好一些，再好一些。

现场比赛的日子终于到来了，那一天并没有想象中的那么紧张，因为我深知，我的教案设计已经很完善了，课堂的流程我也模拟过很多遍了，剩下的就交给课堂的学生，他们的反应、对答将会决定这节课最终呈现的模样。

40分钟很快就过去了，虽然本节课要求学生掌握的语文要素有一定难度，但孩子们都能很好地呈现出来，最终完成了教学目标。那是一种从未有过的快意感和油然而生的欣喜感，我非常享受这样的课堂。

比赛的结果已经不那么重要了，因为准备赛课的过程，才是我收获的最珍贵的礼物。如果说还有什么比这更珍贵的，那就是得到了来自"师父"的肯定，她说："不管结果如何，你都是我心中的第一名。"那一刻，我的眼角是温润的，内心是温暖且坚定的。其实，只要用心去做，很多事情都可以做得不错。

有了这次赛课的经验，我更相信我能走好教师这条路，我坚信"一分耕耘一分收获"，也相信皇天不负有心人。

经过种种历练，我最大的蜕变就是内心更坚定了，不再是一股脑的热心，也不再有黯然迷茫的焦虑，更多的是内心的强大，和从容不迫地面对未来风雨的决心。

我深知教师之路想要走得更远，离不开过硬的业务能力。于是，我从书籍中寻找到了更多的精神食粮，如《一线带班》《给教师的100条建议》《致青年教师》《教室里的正面管教》《第56号教室的奇迹》等。在这一本本书籍中，我获取了更多能量，正因站在前人的肩膀上，我对即将到来的一切更有底气。

在即将接手新一届一年级的时候，我又看了一遍薛瑞萍的《心平气和的一年级》，真的是"书中自有黄金屋"，这些有经验的教师多年实践得来的好方法，不用岂不是可惜了。

年年岁岁花相似，岁岁年年人不同。教师生涯的年轮一圈圈地成长着，而我也不再是当初那个只有一腔热血的懵懂少年，经历几年的成长，收获远比想象的多得多。

最后，我想反驳那句话：教师工作并不枯燥乏味，也并不是一眼就看穿了 30 年后的生活，教师生涯的每一天都很不同，学生不同，沿途的风景也不尽相同。活在当下，用心浇灌，每一天都是我们人生中最美好的时光。

愿我们心中有爱，眼前有光；让我们一路芬芳，且歌且行。

"小草"在成长

刘兰坤

2019年9月新学期，刚顺利送走职业生涯中第一届毕业班的我，又被安排担任了六年级两个班的英语老师，并兼其中一个班的班主任。我真是诚惶诚恐，自知经验和能力都略有不足。早就听闻那个班有特殊学生，会经常发生各种特殊情况，令所有任课教师都头疼不已。我向之前的班主任了解到的班级情况是：除了有一位自闭症的孩子之外，班级总体成绩较差，最糟糕的是连成绩好的学生也很顽劣；有的家长不好惹，"护犊子"的情况较严重，与家长沟通千万要小心。说实话，这使我那颗拔凉拔凉的心，瞬间结了冰。

我一开始留意到小林是在开学两周左右，他长得高高瘦瘦，还有点儿驼背，上课不认真听讲，经常看课外书。我点名提醒他，他还是一副爱搭不理的样子，更带着几分戏谑表情，显然没把我这个新老师放在眼里。虽然老师通常会对有这种表现的学生没好感，可是我惊讶地发现，课堂上好几次提问他都能答上来，而且他的作业每次都准时提交，笔记也能按要求记好。由此，我对他的印象加深了一些。

又过了大概两周，课间突然有学生跑到办公室来找我，说小林跟班上那位特殊学生动手打架了。由于那个特殊学生长期服药的缘故，到了高年级整个人像吹气球一样变得高、大、胖，所以我就安排他坐在教室的最后一排。正常情况下他不会无缘无故地攻击其他同学，但有时候会不自觉地发出笑声或用力敲桌子、撞墙，而坐在后面的几个学生对他的行为很反感，有时候会用一些很难听的言语刺激、惹怒他，导致他动手回击。等我过来制止、处理的时候，一帮学生就把矛头直指那个特殊学生，说他先动手打人。而这次跟他发生矛盾的小林虽然没有大打出手，嘴里却没有一点儿收敛，当着我的面还在怒气难消地骂着人家。这让我对他的印象又加深了，应该说是彻底没好感了，心想这可能就是所谓成绩好但很顽劣的学生了。

尽管我在班里一直强调同学之间要和睦相处、言语文明、宽容待人，特别是大家相处了 5 年，同学之间都互相了解，更要对有特殊情况的同学多一点儿包容。但为了防止这种情况再次发生，给班级带来不良影响，我在课后分别对两个学生进行了思想教育。出乎意料的是小林并没有在我面前继续表现出得理不饶人、盛气凌人的样子，而是带着一副很无奈的表情说："我没有惹他，一开始也没有骂他，都是别人在说他，他以为是我，就突然过来拿书拍我脑袋。"在我的关于同理心、仁爱道理的教育下，他开始低着头晃来晃去，最后跟我说："老师，我以后再也不跟他打架了。"话虽短也不大声，但我似乎感受到了一丝诚恳，甚至还有几分承诺的意味，当时我心里"咯噔"了一下，似乎我对小林的认识还不太准确。

有人说，表扬是让人进步最快的一个方法。国庆节放假回来后，对班级情况大概摸底了的我，心想虽然只剩一年他们就要毕业了，但也不能让这个班就这么破罐子破摔下去。于是我利用"班级优化大师"建立了积分奖励机制，从班级纪律、卫生、行为习惯、学习等方面，细化了 20 余条加分项目，目的是提高学生的学习积极性，进而建立良好的班风、班貌。51 位学生在只加不减的奖励机制下果然变得非常积极主动，特别是很多学生早读、午读都表现得比之前更自觉了。原来每个人心中都是那么渴望被表扬、被肯定。就连那几个调皮的学生也会很主动地过来问我，"老师，我主动帮忙扫地了，有没有加分？""我考试及格了有没有加分？""我进步多少分才可以加分？""加，只要有好的表现都加！"

只是答应了学生两周一次积分兑换奖品，可奖品我还没准备好呢。我深知用那些简单的学习用品作为奖品，对六年级的孩子是缺乏吸引力的。为了继续发挥积分奖励机制的作用，我可不能在奖品环节泼孩子们冷水。于是我征求班里同学的意见，告诉他们老师会根据性价比酌情考虑买他们想要的奖品。很多孩子都一时嘴快噼里啪啦说了一堆"高大上"的奖品，甚至有人说想要手机和平板电脑。他们自己说出来都发笑，我笑着摇摇头，心想着：还是自己去网上搜搜比较靠谱。没有想到下课后，小林走到讲台前对我说："老师，我觉得买盆栽当奖品挺好的。"我有点儿吃惊，这个向来我行我素、不爱参与班级活动、不在乎积分，也不把老师放在眼里的小林居然对奖品感兴趣？"盆栽？太贵了，老师买不起。"我不假思索地回答道。"是那种很小的、很可爱的盆栽，不贵的，你可以去网上看看。"从他的话中看得出来，他在强烈地向我推荐这个盆栽。我有点儿不忍心打击他的积极性，便答应他会考虑考虑。放学后我特地在网上搜索了"儿童迷你盆栽"，发现确实不贵，囊中羞涩的我还是能接受的。于是本着奖品多样化的原则，我买了各种文具，也买了小林推荐的桌面花卉小盆栽（室内种植草头娃娃 DIY 盆栽）和迷你地球仪。到了颁奖那周的班会课，我按照积分从高到低的顺序，让积分满 20 的学生上台自主选择奖品，没想到最受欢迎的奖品真的是小盆栽！只有 10 余个积分靠前的同学拿到了小盆栽，后面的学生都嚷嚷着建议我下次多买点儿盆栽。我就顺势鼓励同学们："每种奖品的数量是有限的，积分越高排名越靠前，自主选择权越大，选择奖品的权利是把握在你们自己手中的！如果同学们想拿到自己心仪的奖品，接下来两周要更努力啦！"

然而除了各科学习成绩好，其他方面表现不积极的小林积分比较靠后，并没有如愿以偿地得到盆栽奖品。在同学们心潮澎湃的时候，我无意中捕捉到他的情绪有点儿失落。

放学后，他果然来找我了。"老师，我能不能换个盆栽，我保证下次积分能靠前。""这个当然不行，其他想换的同学，老师也都没给换！但是老师要感谢你，因为是你推荐了盆栽奖品，同学们都很喜欢小盆栽，你间接地帮助了老师，大大地调动了同学们的积极性，现在全班同学各方面的表现都在不断进步呢！所以老师决定奖励你一个小盆栽，希望你能自觉遵守各项纪律，给同学们带来正面影响哦！"话刚说完，我便看到了一张花一样灿烂的笑脸在绽放。啊！原来小林也是很单纯、很容易满足的，看来我对学生还需要多方面观察，才能做出客观的评价。

从此，我和小林同学的关系发生了微妙的变化，开始互相正眼相看了。最起码在我的课上，他不再是那个目中无人的少年，而是一个愿意听课，更愿意举手回答问题的学生了。

又过了两周的一个早读课上，教室里好不热闹，原来是有几个学生突然拿着小盆栽来教室了！小小盆栽里那些不知名的小草长出来了！有稀稀疏疏的，也有矮矮短短的，学生们都兴奋不已地拿给我看。小林反而有点儿害羞地拿着一盆长满了郁郁葱葱的小草的盆栽来给我看。说实话，他的小草是长得最好看的，应该跟"卖家秀"最像，令人颇为惊喜，可见他应该是很用心地在栽培呢！可是他告诉我，他的盆栽前一周一点儿动静都没有，他每天都观察，就是后面几天才长出来的。是啊，是种子就有希望发芽，发芽了就有了生命，是会成长的。没有想到小小的盆栽能给班里的孩子们带来这么大的欢乐，也给孩子们带来了一股新鲜的活力和惊喜。换个角度想想，其实学生也一样啊，他们正处在朝气蓬勃的年纪，日渐成长着，而变化中的他们，也正不断地刷新着我对他们的认识！

一年时间眨眼就过，次年7月，我终于算是有惊无险地顺利送走了我职业生涯的第二届毕业生。我们相处的时间很短，谈不上有深厚的感情，就连成绩也没有进步很大，但家长们对我这个班主任是越来越信任的，孩子们与我的相处也越来越融洽了。犹记得结业典礼那天放学后，小林兴冲冲地跑过来跟我说："老师，以后我一定会回来看你的！"

2020年9月11日晚上，接连收到好几个毕业班学生的微信，没有深情的话语，也没有感人的文字，发来的信息内容大概都是"祝老师教师节快乐，您辛苦了"之类的话语，孩子们还跟我解释了昨天教师节在学校住宿，没有手机，所以希望这迟来的祝福也能令我开心。我一一回复他们，嘴角不自觉地上扬着，可能做教师的幸福感就在这个时候油然而生吧！小林在更晚的时候也发来了问候，还兴奋地告诉我他当上了班长，且做了历史课代表……聊天结束的时候他还发了句："老师，那我们下次再聊。"

那一刻，我真正有了被学生悦纳的欣慰感。也是那一刻，我突然体会到了教育的意义：教师教学生可能是一时的，但教育不是一时的，是可延续的、有生命的。师生间可以再多一点儿观察、多一点儿发现、多一点儿相处，慢慢地建立信任。而作为教师，也要对学生多点儿用心和耐心，更要用发展的眼光看待每一个可能发光的学生。

"问题孩子"闹腾的现象分析和对策

庄丽如

前不久，电视剧《小舍得》和电影《少年的你》火热异常。大家热议的话题都绕不开教育。在教育备受重视的当下，我们当教师的责无旁贷。因为教师的幸福感，很大程度来自学生。可是，几乎每个教师都会遇到一些让我们非常头疼的"问题孩子"，这在一定程度上大大降低了教师的幸福感。这些孩子的行为匪夷所思，着实令人费解，究竟这背后隐藏的是什么？

一、令人头疼的"问题孩子"现象

当教师的你，是否曾经遇到这样闹腾的孩子：

老师，××又偷拿我的笔，不还给我。

老师，××又打我的头，好痛。

老师，××偷翻我的抽屉，被我看见了，还若无其事。

老师，××上课故意拉窗帘，扰乱课堂纪律。

老师，××又躲起来不去上课，找不到他人。

老师，××故意推我，还把我的东西扔地上。

⋯⋯⋯⋯

欺负同学、擅自拿别人东西、破坏公共财物、不服班干部管理，以及和老师大声顶撞，不服气的时候扔书、走人⋯⋯

在我开始研究这样的学生之前，我确实觉得自己倒霉到了极点：为什么我总是遇到这样的学生！这些学生最容易打击教师的教学热情。

但只要你还是教师，还当班主任，总会遇到这样的学生！你是选择视而不见、弃之不管？还是迎难而上、苦口婆心、好言相劝，最后把自己折腾得很累，甚至开始怀疑自己的教育意义何在？

为什么听了那么多讲座，记了那么多笔记，还是没有获得很好地改善这种现象的方法呢？问题的症结究竟在哪？专家的理论听起来"高大上"，但我没听懂；名师的经验听起来非常神奇，但怎么到了自己班上就不管用？这时多问几个为什么，有助于我们找到问题的根源。

二、"问题孩子"闹腾的现象分析

4年前我遇到了前面提到的这样一个学生，那时是我第一次教小学，自己还没适应小学的教学步伐，碰上这样的孩子，我内心十分崩溃。幸好当时我遇到很多好同事，前任班主任主动和我沟通这个学生的情况并提醒我：这孩子非常喜欢吃零食，4月的春游可以借机和他好好相处，或许有转机。

在接下来的日子里，我尽量控制自己不要和这个学生起冲突，当别的学生来投诉的时候，我一面安慰这些学生，一面冷静地和他沟通，即使他根本不怎么理我。（后来我才知道，他对我有意见，是因为在第一次见面会上，我还不认识他，就有同学在我面前说他的不好。他觉得自己很委屈，认为自己没有办法得到我的认可了。于是，他干脆自暴自弃，让同学们和老师们都怕他，知道他不好惹。如果我当时稍微懂得及时走进小孩子的心里，也许就不会有后来那么难堪的局面了。）

好事多磨，老天不作美，每次要出游就下雨。春游的日子推了又推，我熬呀熬，终于等到春游的日子。出发前，我主动坐到他的身旁，即便他还是不怎么理我，我依旧从包里拿出了老家的特产——牛肉干，跟周围的孩子宣传这种特产多好吃、多难买。很多学生纷纷争着要。我一一分给他们，转身看了一下他，一个三年级的孩子，本身又是一个非常馋嘴的孩子，怎么能抵挡得住美食的诱惑。我主动递给他一块牛肉干，跟他说："试试看，怎么样？"

他接过去，立刻打开包装袋吃了起来。我让他边吃边抬一下头，就在他抬头的那个瞬间，我们拍了一张合照。吃完牛肉干，我给他看照片。那一刻，他笑了。这是开学两个多月，我第一次看到他笑，而我当时却激动得差点儿哭了。我知道那个笑代表着什么，它代表着和解，代表着信任。

在往后的日子里，我和他之间的关系慢慢修复，他也慢慢收敛了自己的行为，在一次次帮我拿书回办公室后，在一次次得到我的肯定后，在一次次和他的家长交流时获得大力表扬后，他跟我聊天的次数越来越多。再后来，我离开了这个班级，他的爸妈还会经常和我聊起他。看着他越来越多的笑容，我心里长长地舒了一口气，解决问题的过程虽然很漫长，也很煎熬，但正是这份艰辛，让我明白了身为人师的责任，以及教育的真正含义。

接手别的班，我还是会遇到类似的学生，但我已经不怕了。因为在不断研究的过程中，我终于明白了，每个所谓的"问题孩子"背后都是有原因的。只要找到原因，他们都会慢慢变好。

在研究的过程中，我摸索出这些学生出现行为偏差的原因：大部分是由于他们的内心需求无法得到满足。

三、"问题孩子"的闹腾源自心理需求的缺失

在中国家庭教育中，父亲往往是缺席的，管教孩子的角色几乎都被母亲包办了。在这个过程中，母亲的过度纵容或者过度严格，都可能造成孩子的性格缺陷。由于父亲角色的缺失，在教育孩子方面，母亲容易表现出严重的情绪化，这些情绪化往往会给孩子性格的形成造成巨大的影响。

"需求层次理论"表明：人类有着广泛的情感需求和心理需求，从对爱的需求到自我实现的需求等。当一个孩子的这些需求经常无法在家中得到满足时，他们会通过各种过激行为表现出来，以此来寻求大人的关注。

如果一个孩子在幼儿阶段长期处于这样的状态，到了小学阶段，他就会把对母亲的不满转为对教师的不满。如果教师能够提前了解学生的内心世界，并及时给予其帮助的话，那么他将会对教师产生好感、信任和依赖。相反，如果教师没有关注到学生的内心需求，只是一味地指责，那么这个学生的行为就会变得更加过分，长此以往，孩子就会越来越肆意妄为。

四、对策——从尊重孩子的需求开始

今天，如果我们先抛开家庭的因素，从学校育人的角度来分析，想要解决这个问题，我们就应该做到一切以"学生需求为中心"。

"学生需求为中心"的教学理念是在"需求层次理论"基础上，首次引入学校教学中的全新教学理念。《建立以学习共同体为导向的师生关系》指出，学生的心理需求分为三大类，即"权利"的需求、"乐趣"的需求与"归属感"的需求。

设想：当学生满怀期待地来到你的班级，教室里没有欢声笑语，课堂上没有新意与趣味，师生之间没有情感的交流，没有活动来营造良好的学习氛围，有的只是教师灌输知识时板着的脸孔和一成不变的教学风格，这样的课堂经常让学生感到索然无味，一无所获（心理需求方面）。那他怎么表达自己的需求呢？从最初玩笔、玩橡皮擦，到偷偷地传纸条，再到小声说话，如果没有得到及时的关注和制止，就会一发不可收拾，很可能会出现前面所提到的那些情景。

什么时候老师和家长能够及时捕捉到学生们的需求，就能够让他们跟着自己的节奏走。可惜，大部分时间我们走得太快，没有静下心、慢下脚步去倾听他们的心声。

当意识到孩子有这些需求，却被我们忽略了的时候，还有什么办法可以补救？《建立以学习共同体为导向的师生关系》曾告诉我们，可以从这两个核心因素入手：真正的关心和有效的沟通。

（一）真正的关心

要真正走进孩子的心里，发自内心地关心孩子。但是这类孩子往往在需求长期被拒绝后，会把自己的内心关闭起来，从而变得十分难以沟通。一些教师有时候找他们沟通，要么讲大道理，要么寥寥几句，实际上教师只是希望这节课他们不要捣乱就好。这样的"关心"，孩子能感受得到，当他们意识到你的关心是不真诚的，那就更难沟通了。因此，真正的关心，要走心。

这学期，我们班也出现了调皮捣蛋的孩子。那个最让老师头疼的孩子，在开学的第二天就表现出不可一世的样子。我明白，他这是在向我"示威"。但我不怕。他的表现只是为了引起我的注意，他确实做到了。开学第一周，我便找到他的家长沟通，有针对性地了解了孩子的所有情况后，请家长配合，给孩子开了"少侠进步单"，表格分为3行，即让他自我评价每天的行为，并记录自己做得好的事情；教师每天记录孩子进步的地方，家长每天记录孩子在家的变化。刚开始都是我主动找他拿表格，后来我尝试让他主动拿给我。

坚持了一个多月后，孩子在记录单中看到了自己的不足和进步，虽然他还是偶尔控制不住自己，会发脾气、闹情绪，但次数在不断减少。至于具体的操作，我不赘述。只是我确实在他的身上学到了很多东西：我们大人如果总是高高在上地给孩子讲道理，是永远不可能走进他们的内心的。你只有蹲下来，真正贴近他的心，他才愿意对你敞开心扉，跟着你走。

（二）有效的沟通

如果你觉得只是关心就能改变孩子的话，那就错了。因为真正起作用的是平等的对话和有效的沟通。你要走进他，要有爱，而且要爱得有方法、有技巧。你要知道孩子的喜好，找到他感兴趣的话题，让他有表达的欲望。

比如，这个孩子喜欢航模，我会提前向他的航模老师了解他的情况，并且做好记录，根据他的爱好找到合适的聊天窗口，以引起他的注意，让他知道我是了解、关心他的，否则我不可能知道他在航模课上的出色表现。

有时候教师要适时示弱，先了解学生的长处是什么，再找到适当的机会请他帮忙：比如让他去办公室拿作业本、去图书馆搬书。他个子高、力气大，你就让他好好把力气使出来。这时候他会觉得很自豪，毕竟他做了别人做不到的事。

此外，有些班级的问题可以请他帮忙出主意：比如哪个同学遇到什么困难，老师找不到合适的方法。有一次班上午休轮休，出现了床位不够的问题。其实我可以采用全班轮换的方式，但是我知道他骨子里有种侠义之气，所以我在班上提出谁来帮这两个没有床位的学生想想办法，他立刻说可以把自己的床位让出来。我也知道他在宿舍经常睡不着，但我不能因为他睡不着就让他把床位让出来。

我及时表扬了他的乐于助人，也表达了我对他的关心，但把床位让出来他自己就没法休息了，我舍不得。每个孩子对我来说都非常重要。

这句话会刻在他的心上。从后来他的转变，我看得出来，这孩子已经完全接受我对他的关心了。

这种做法就像一个银行账户，你往账户里存进越多的钱，你得到的利息就会越多。同样的，你对孩子付出的越多（前提是付出有法），那么你得到孩子的回应也会越多。

在和孩子交往的过程中，我越来越清楚：孩子才是老师，是他们在教我们如何为人为师。

播种希望，静待花开

刘浩琴

团结友爱，积极向上，相信每一个班主任都希望自己的班级是这样给力的状态。但当班主任的你，恐怕总会遇到这样"特别捣蛋"的孩子：美美上课注意力非常不集中，不但不听老师讲课，还总是打扰周围同学，完全不遵守课堂纪律；她爱撒谎、不够努力，看上去毫无规则意识，遇到事情极易冲动，甚至频频跟同学发生肢体冲突。大家都能想象得到，如果班上有这么一个学生在，肯定整个班都不会"太平"。针对这些情况，我一方面及时提醒孩子，就事论事地采取有针对性的批评教育；另一方面及时告知家长，提醒家长同步进行干预。但从美美后续的行为表现来看，普通的提示、警示措施实际效果并不明显，还出现了惩罚越重，犯错频率越高的情况。我清楚地知道，对这类学生的教育，光有爱心、耐心与恒心是不够的，但只要你还是教师，还当班主任，终归是避不开这样的学生的！你是选择视而不见、弃之不管，还是迎难而上、帮扶到底呢？在对这类学生进行教育转化的时候，又可以采取哪些有效的措施呢？

一、有效沟通架桥梁

有一天放学，我单独找到美美谈话："美美，我有种神奇的魔法，

可以让你成为一个优秀的小学生。你想不想试试？"美美惊喜地说："真
的可以？"我说："是啊。不过这需要时间，需要我不断地给你能量，
也需要你好好吸收能量。因为我觉得你是最有潜力的学生，所以我愿
意教你。"美美高兴地说："好！"我说："口说无凭，咱们得签个合
同。"美美笑嘻嘻地签上名字，我成功给孩子心理暗示：她可以变成优
秀的小学生。同时，我也与家长做好了沟通，请他们配合我，向孩子
灌输"老师可以洞悉孩子的一切表现、老师真的有让你变成优秀小学
生的神奇魔法"等思想，以家校配合的方式共同打造让孩子信任和服
从教师教育引导的思想基础。

二、制定目标明方向

我给美美设计了 3 份能量进步表：一是自评表，让她自我评价每天
的行为，并记录自己做得好的事情；二是课堂表现表，由各科教师每天
记录孩子当堂课的表现，重点记录有进步的地方；三是家庭表现表，由
家长每天记录孩子在家的表现，重点是正向的变化情况。同时，我跟美
美和她的父母共同制定了专属奖惩制度。有了明确的、可预见的目标，
她就有了充足的动力，就会有意识地努力控制自己。经过大家一个多
月的共同努力，虽然孩子还是偶尔控制不住上课讲话，但是打人、上
课捣乱的次数明显减少，不问自取的问题再也没有发生。在一份份记
录表中，美美清楚地看到了自己的不足，也清楚地看到了自己的进步，
意识到自己是可以控制好自己、可以不断进步、可以努力做到更好的。
于是，美美和我的交流变得更主动，每天她都会总结性地说出自己的
问题所在。

三、耐心引导促融合

孩子的问题总是会反复的，虽然美美打架的事情有所减少，但仍然会与同学发生这样那样的小矛盾。皮亚杰认为，冲突对于儿童心理发展具有两面性，其积极意义在于，可以促进儿童学习必要的人际交往策略，儿童产生的冲突很多是源于社会交往技能的缺乏。所以，我对症下药，让美美在多次的冲突中逐步学会按照规则协调同学之间的关系，双方在相互妥协、让步、分享、合作中解决问题。在双方互不相让时，我先跟他们讲明道理，随后给他们各发一张白纸，要求他们自己写清楚事情经过，并且引导他们思考自己有没有哪里做得不对、还可以做得更好的地方——如果你是对方，你会怎么做？我还设计了关于换位思考的班会课，把学生之间日常的小矛盾编成事例，让学生一起讨论交流，帮助大家学会从他人的角度看问题，站在不同的角度，就会对事情有不同的理解。课后，美美主动与我交流："刘老师，换位思考让我看清了自己的问题，更让我明白了做人的道理。"自此以后，她和同学的矛盾大大减少。换位思考的方式，让孩子学会谦让、理解，在全班都试用了这个方法后，班上同学闹小矛盾的情况逐渐减少了，孩子们之间的关系也比以前更加融洽、更加亲密了。

四、提供平台强自信

在不断接触和分析中，我逐渐发现美美的表现和她的自信心不足有很大关系，最直观的表现就是，她上课回答问题时畏畏缩缩的，这也影响了她上课时的专注度。针对这个问题，我主动给她提供了锻炼和展示的平台。在班级课前3分钟介绍名人故事的环节，我提前跟美美的家长沟通，请他们认真地帮助美美做好准备，等轮到美美做介绍时，配合着美美妈妈精心准备的课件，美美声音响亮、语言流利地给同学们讲了名人故事《毛泽东》，大家给她送上了热烈的掌声；我又专门让家长鼓励美美去参加值周班长竞选活动，到了竞选时，我高兴地看见美美有些犹豫地举起了手，于是我连忙鼓励说："美美同学，你现在不仅能自己管好自己，还能帮助老师管理班级，为同学服务，真棒！"就任期间，她上课纪律特别好，不但没有跟同学发生矛盾，而且每天早早地来到教室开窗通风，组织同学们静读，下午帮助值日生扫地，在她的带领下，我们班还拿到了当次的流动红旗，我毫不犹豫地让美美作为我们班的代表上台领奖。当我把美美自信领奖的照片发给美美妈妈时，美美妈妈激动不已。

经过不懈的努力，美美不但改正了坏毛病，而且各科成绩都名列前茅，做事情也更有责任心了。她经常去我办公室帮我拿作业、发作业，还帮助作业有错误的同学改正，俨然成了老师的好助手。她高兴地对我说："刘老师，您果然有魔法，我真的变成优秀的小学生了！"那一刻，我的心里暖暖的，一种为人师者的幸福感涌上心头。

教育是唤醒，是激励，是点燃，是启发，是心灵的交融；教育的本质是一棵树摇动另一棵树，一朵云推动另一朵云，一个灵魂唤醒另一个灵魂。我会继续积极主动地进行深入研究和实践，努力成为一名专业、有智慧、有格局、有温度的教育者，并在班主任的岗位上继续优雅前行。

花开有声

刘美云

苏霍姆林斯基曾说："在我手里经过的学生成千上万，奇怪的是，留给我印象最深的并不是无可挑剔的模范生，而是别具一格、与众不同的孩子。"

2017 年 10 月 8 日，是我接手一年级（3）班的第一天。这一天早晨我踏进班门，看到那些天真可爱、满脸稚气的孩子正三三两两地坐在教室里，我站在门口微笑着向每一个孩子打招呼，接受孩子最亲切的问候，一声声"老师，早上好""老师，您好"，这是早晨最甜美的话语。我认真地打量着教室里的每一个孩子，观察着他们的言谈举止，他们或张扬、或内敛、或热情。唯独有一个学生，一出现就是那样与众不同，我的目光一下子聚集到了他身上：崭新的校服白得发亮，背上深蓝色的书包略显沉重，扭曲如麻花的书包肩带把校服拉扯得有点儿变形。这时他从教室后门慢悠悠地走进来，直接无视我的存在，肉肉的小手里捏着一张小贴纸来回搓揉，目光散漫地扫过教室里的同学，从第一组移动到第二组，再移动到第三组。最后，他站在教室后面背靠墙壁开始发呆了，手中的小贴纸依然被来回地搓揉着。我心里嘀咕着：这孩子准是忘记自己的座位了吧？毕竟他刚进入一年级，这是再正常不过的事。我当时并没有马上去给予他帮助，因为我想看看接下来他还会怎么做。此时他的同桌小妍迅速地察觉到了这个问题，起身离开座位走到他身边，用稚嫩的小手牵起他的手走回了座位。

这时又有一些新的想法在我心中萌发！同时，我的目光始终没有从他身上移开，在与其他孩子打招呼的时候，我时刻关注着他，我知道他或许是个特别的孩子。回到座位上的他并没有像其他同学一样收拾书包，而是依旧不停地搓揉着手中的贴纸，在同桌的引导和催促下，他才不紧不慢地把书包放到了书包柜里，此刻，他的文具和书本都没有拿出来。这时我确信他一定是个特别的孩子。最后，我还是按捺不住地走到他的跟前进行自我介绍，从他胸前的姓名贴上我迅速知道了他的名字——诚诚！"诚诚，早上好，我是你的新班主任刘老师，以后我们会一起度过愉快的学习生活，我们做个好朋友吧！"看到我这位"陌生人"，诚诚明显有点儿紧张，手中的贴纸揉得更用力了。在我跟他讲话的过程中，他的双眼都没有正视过我，也没有接话。为了破解尴尬，我又说："明天刘老师希望能听到诚诚跟刘老师问好哦，我们快快收拾好书包，准备上课吧！"在我接班的第一天，我就知道他就是那个与众不同的孩子。

在接班后的第一周的周五，诚诚的妈妈到教室里来接孩子，她身穿警察制服，显得特别干练，明显是从单位下班后直接来接孩子的，从这可以看出诚诚妈妈对于孩子的重视。而这让我回想起与诚诚的初次见面，感觉简直是天壤之别。诚诚妈妈留着一头清爽的短发，身材高大，漂亮又有气质，一身挺拔的警服显得很有气场！我内心满是困惑：这么优秀的妈妈，怎么儿子会有那么大的差别？我忍不住想更多地去关注和了解诚诚。

在与诚诚妈妈的第一次谈话中，我了解到诚诚父母都是警察，诚诚是家中的独子，享尽家人的宠爱。在诚诚 3 岁的时候，父母发现他和其他的孩子不大一样，去医院检查后，被诊断为因发育迟缓而造成的其他能力不足。但诚诚的父母从没放弃，他们通过各种方法来让诚诚进步，希望他能融入孩子们中，将来也能融入社会。我国近代教育学家夏丏尊说："教育没有情感，没有爱，如同池塘里没有水一样，没有水，就不成池塘，没有爱，就没有教育。"看到诚诚，我心里酸酸的！我愿用我赤诚的心，用爱的甘露去滋润他的心田，去关注这个与众不同的孩子。

在茫茫的大森林里，有一株株高耸挺拔、直入云霄的大树，它们的身影多么矫健，多么英姿飒爽，气势多么庞大，它们是新一代的栋梁之材，我们为之骄傲，为之赞叹。但森林里也会有一些低矮、弯曲的小树，它们垂头丧气、无精打采、萎靡不振。而作为一名教师，我们就应该给予小树更多的关怀和热爱，使它重新振作起来，迎头赶上。诚诚不善于跟别人交往，即使有同学邀请他一起玩耍，他都会选择远远地跑开，不喜欢别人接触他的身体，总是沉浸在自己的世界里。我偶尔会想：不知道诚诚的世界里有没有我呢？下课后别的孩子三三两两地玩着游戏，欢笑声如银铃般动听，只见诚诚一个人在走廊上，小手抚摸着栏杆走来走去，或许他真的是在自己的世界里做着其他人不能涉足的梦。这个梦里没有别人，只有他自己！或许那一根根栏杆就是他的玩伴，或许诚诚正和它们玩着拍手游戏呢！但这样发展下去，对于诚诚与同学间的人际交往非常不利，所以下课后我特意站在教室门口注视着他，当他靠近时我就问他："诚诚，要不我们一起玩吧？"虽然结局还是直接被诚诚无视，但我还是不气馁，我提议班上的同学玩耍时主动邀请诚诚加入，我相信"诚心能叫石头落泪，实意能让枯木发芽"，总有一天诚诚会被我们感动的。

"假如我没有过人的天赋，那就请时间赐我力量。"上天总是眷顾与众不同的孩子，也许是时间给了他力量，渐渐地诚诚有了变化。在课堂上，诚诚专注的时间越来越长了，他举手回答问题时的样子是那样自信和骄傲，每次回答正确时，其他同学都会不约而同地为诚诚鼓掌，这小小的掌声，对于诚诚来说是莫大的鼓励，也是他能大胆表现自己的强心剂。诚诚的成绩慢慢地有了进步，一分、两分……看着他逐渐学会了更多的本领，拥有了更多的朋友，我打心里感到高兴和欣慰。本学期要推选出第二批少先队员了，我们采取了教师打分与同学投票相结合的方法进行民主选举。在同学投票环节，诚诚的得票率是全班最高的。虽然他没有过人的天赋，没有优异的成绩，没有流利的口才，但是他却获得了世界上最为珍贵的东西——尊重！时间改变了我和你，时间也同样改变了他！

虽然上天给了这个世界很多不同，让一些孩子承受了别的孩子所没有的困难，但是每个孩子都可以拥有爱他的父母、爱他的同学、爱他的老师、爱他的朋友……每个人都有的尊严、自由，他同样也应该拥有！

愿这与众不同的孩子，能用天真无邪的眼睛去发现生活中的美好，用一颗炽热的童心感受生命中的温暖，用一脸童真的笑容去感染身边的人，并用心感受丰富的生活。

渐渐地，我已在这充满阳光和爱的日子里，聆听到花开的声音！

小洋葱"历险"记

谢金凤

一、意外的命运

这学期，我新接了一个班级。刚好这个单元习作是学习连续观察，于是我带着学生们在窗台下种了一颗红红的小洋葱！9 月 24 日，我们找了个透明的玻璃瓶子装点儿水，然后把洋葱放进去；下课后，学生们围着它转啊转，看啊看，写啊写，眼中充满期待：过不了多久，它就会长出绿绿的叶子，白白的根。

国庆假期回来那天，一早我就进教室看洋葱。细细算来两周多了，但除了水有点儿味道，其他的没任何变化。暗红色的洋葱头带点儿紫色的外皮，像垂头丧气、风烛残年的老人，原来的一点儿根被水泡得惨白惨白的、软塌塌的，头部还有点儿发黑。说好的根呢？说好的叶子呢？我有点儿失望。但课不能耽误，我赶紧上网下载一些图片，精选了好几张，打算展示给孩子们看。忽而一想，不对，这不是作假吗？过了一会儿，同学们走进教室，一个个都围上来问："根长出来了吗？有根了吗？"可仔细一看我手里的瓶子，他们的眼神瞬间暗淡了，有的还嫌弃地捂着鼻子："好臭！"扭头就走开了。

课上我问："为什么洋葱不长呢？"

有人说："水泡的洋葱养不活的，要用泥土种。"

有人说："这些洋葱都是冰冻过的，其实早就死了。"

有人说："还有可能是转基因的，活不了。"

有人说："这些水是自来水，没有营养的。"

…………

我说："那大家回家上网查查，看看是什么原因吧！"随后，有的孩子说回去问爸爸，有的说回去问奶奶，有的说亲戚是植物学家，一定会查清楚的。

课后，我在办公室里问了一圈，又上网查了一圈，得到的答案差不多——它活不了了。我只好把它拿走，准备丢掉。但恰好我在忙其他事，就暂时把它放在办公桌上。

又过了一周，10月15日那天，一股腐败的味道从瓶子里传来。实在不能忍了！垃圾桶的旁边就是洗手间，就在要把它丢进垃圾桶的一瞬间，我隐隐有些不舍，多走两步路把它放在了洗手间的洗手台上，并把泡得软烂的根和外皮全去掉，重新换了水，心想我"仁至义尽"了，等到全都腐烂的时候，就把它"咚"的一声丢进垃圾桶吧！

二、意外的生机

一周过去了，又一周过去了，再一周过去了。一个月后的一天，已是11月5日了。

这是一个毫无预兆的周一，问题多多的小宇同学又"犯事"了，我正烦恼不已。一进洗手间，我突然发现有白白的东西在晃眼睛！我拿起瓶子来定睛一看，天啊！是根！是根！是白白的根，已经有半根手指那么长了！我惊喜地把它拿到教室，孩子们一下子凑过来，一脸惊讶，继而兴奋极了，激动得奔走相告："洋葱发芽了！我们的洋葱发芽了！"

课堂上，我问："你们看到了什么？"孩子们用上了很多词语，比如，"雪白雪白、精神抖擞、焕发着无穷的生命力、惊讶、生机勃勃……"

"那你们想到了什么？"我继续问。

颖轩认真地说："我们要学会耐心等待，相信生命会有奇迹的。"

宇翀说："我想起了我们看过的一篇文章《一粒种子》，种子最后在农夫地里安静地发芽，因为它不慌忙、不着急。"

悠然说："我们要有耐心。就像人一样，它可能会成长得慢一点儿，但是不代表它不成长。"

子扬说："比如公司有一个人，如果他工作没有做好就开除他，那就永远看不到他的进步了，多可惜啊！所以要给他机会。"

郑好说："在我们班级也是一样的，有的同学暂时落后了，大家不放弃他，就会看到他的进步。"

心蕊说："感谢谢老师没有放弃它，坚持给它浇水，这就是'山重水复疑无路，柳暗花明又一村'。"

我心头一震，想不到孩子们能想到那么多，我的烦闷心情一下子不见了。那节课，我们这样谈着谈着就过去了，孩子们的眼神里多了一份安静、温柔，还有自信……

三、意外的成长

此后，它在教室的窗台上，天天陪伴着我们。

一周过去了，长根。

又一周过去了，长根。

再一周过去了，还在长根。

雪白雪白的根已经密密麻麻地长到瓶底了，还是在长根。

我们等得有点儿不耐烦了，它到底什么时候长叶子呢？

12 月 4 日，距离发现它长芽那天，居然又过了一个月。就在我们快要失去耐心的时候，忽然惊讶地发现，小芽如碧玉一般冒了出来，后来越长越快，越长越绿，那小小的、尖尖的叶子如利剑一般，一路向上，愉快歌唱。下课了，孩子们总围着它讨论着今天又长了多少。

一周多点儿的时间，它居然长得比一支铅笔还要长！

这时，一个问题涌上心来，我问："为什么长根要花这么多时间？"

景升说："因为它要积蓄更多的能量，这样才能生长。"

佳慧说："就像我们学习一样，要先好好地努力。只有打好了基础，才能有成就。"

秉承说："它也像我们盖房子一样，地基总要打很久的，这样建出来的高楼才稳固。"

俊儒说："如果我们一直在努力，慢一点儿看到结果也没关系。生命是需要时间好好等待的。"

……………

现在，陪着它历经了坎坷的两三个月后，小洋葱终于长成了我们想要的样子：白的根，紫的茎，绿的叶；亭亭玉立，欣欣然，安静，欣喜。生命中会有很多坎坷，暂时看不到我们想要的结果时，别着急，再等等，慢慢努力，总会得到我们想要的，不是吗？

野百合也有春天

刘美玉

在一个不为人注意的角落，总有这样一些学生，他们在行为上存在较多的缺点，落后于一般同学。他们或多或少有一些不良习惯，如调皮、任性、执拗、懒惰、不守纪律、不做作业等。但正如一张白纸上的黑点，他们也有不为人知的优点，一旦你的目光如阳光般洒落到他们头上，他们便会像寂静山谷里的野百合那样欣然怒放，同样能拥有春天的灿烂。班上的小荷是老师眼中的"潜能生"，其实这样的学生，几乎每个教师都会遇到，且都会为之头疼。作为教师，我在尝试了很多办法后，终于看到了她的变化。

一、尊重孩子，链接情感

有人曾说："教育孩子最重要的，是要把孩子当成与自己人格平等的人，给他们以无限的关爱。"无数事实也表明，当教师以居高临下的姿态来关心孩子时，反而会使孩子产生逆反心理。只有教师转变姿态，像对待朋友那样关爱学生，才有可能让学生感受到平等。蹲下来的这一步很关键，因为不管孩子的想法对还是不对、有无道理，只有教师从生理上和心理上都能蹲下来和孩子说话，教师和孩子之间才能更好地沟通，才能建立更亲密的师生关系，教师只有在了解了孩子的真实想法之后，才可能有的放矢地教育孩子。上课时，当小荷低下头做"小动作"时，我会轻轻地走到她身边，什么也不说，只是轻轻地把她的腰扶正，把她手上的东西拿开；当发现她眼睛盯着黑板时，我会当着全班同学的面表扬她，并希望其他同学向她学习。我和她之间还有个协议，那就是只要她一节课都不做"小动作"，就会得到一个奖励。

记得有一次，她上课时手一直在抽屉里倒腾着什么，我几次提醒她，她都无动于衷，但我并未批评她，因为有那个协议。下课后，她一反常态地主动来找我，忽闪着那双大眼睛，小心翼翼地说："老师，你今天生气了吗？"我摸摸她的头，说："老师有一点点生气，但你答应过我会好好上课的，我想你一定有自己的原因吧。"她的眼睛里闪过一道光，"老师，今天是我妈妈的生日，我想给她一个惊喜，给她折一份纸艺作品。"她一边说一边从身后拿出了一只可爱的小兔子。我笑了笑，说："看，我没猜错吧，不过我想你妈妈更愿意收到的礼物是你上课认真听讲。下次别这样了，好吗？"她拼命地点头，我感觉自己摸到了孩子心灵深处像水草一样柔软的地方。自从那次谈话后，她课前准备不再需要别人提醒了，上课坐姿端正，并且还会主动做笔记了。

二、树立目标，体验成功

"潜能生"是怎样产生的？当一个学生反复遭遇失败的打击后，便成了"潜能生"。而让一个"潜能生"变好的方法其实很简单：就是让他不断地享受到成功的喜悦，然后他就能变成一个优秀生。

"三种需要理论"认为，人除了生存需要之外，还有其他三种重要的需要，即成功需要、权力需要和友谊需要。一个无法享受到成功喜悦的孩子，如何能感受到学习中的快乐呢？同样，他也无法自信地面对学习。所以，教师应该帮助孩子享受到成功的喜悦。因此，我帮小荷设立了一个切实可行的、跳起来够得着的目标，比如从倒数第一名进步一两个名次，这也是进步啊！还记得那次开学伊始，我找到小荷，轻轻地拍着她的肩膀说："孩子，你上次期末考试多少名？"孩子答道："最后一名。"说完，她便深深低下头。我用手抬起她的头，郑重地说："好，下一次考试，你的目标就是超过前面那个同学，争取不做最后一名！"也许是我的话起了作用，也许是她认为超过前一名，做倒数第二名完全不费力气，也许是因为她更努力的结果，当我拿到她的卷子时，我都有点儿不敢相信自己的眼睛——80分！她成功了，她不仅没有当倒数第一，还成功地超过了班上5个孩子。我像个孩子一样在班上手舞足蹈起来，用力地扬着手中的卷子，大喊："小荷，你成功啦！"全班同学都把目光投向了小荷，此刻，她的眼睛里闪着晶莹的东西。

及时给予小荷表扬，让她尝到了成功的快乐；及时给予小荷鼓励，让她有了前进的动力。完成第一个目标后，我紧接着给她设立了下一个目标：超过8个孩子、超过平均分、超过自己选择的竞争对手等。几轮下来，小荷的成绩慢慢提高了，人也渐渐恢复了自信。

三、同伴评价，重塑自信

有人说过："自信是成功的第一秘诀。"也有人说过："你越往好的方向想，事情就会越往好的方向发展。"因为小荷长期学习成绩不好，同学们慢慢地疏远她，所以很多时候她都有点儿不自信，生怕被同学嘲笑。因此，我会在不同场合抓住一切机会表扬小荷。有一次，小荷见到地上有一张纸片，主动弯下腰捡起来，我看到这个瞬间后，忙跟全班同学说："看，小荷是个讲卫生、爱班级的孩子，她多爱护我们班级啊！"同学们马上向她投去敬佩的目光。这次，她没有低下头来，而是大方地迎接大家的赞赏。

还有一次班会课，我们总结这段时间同学们的表现，其中一个环节是"优点轰炸"。所谓"优点轰炸"，就是每个同学都要说说别人的优点和进步的地方，这一次很多同学都不约而同地提到了小荷：有的说她上课认真听讲，还积极举手回答问题；有的说她的课前准备做得非常好；有的说她的作业按时上交，成绩也上来了；就连班上最喜欢取笑别人的同学也说小荷爱笑了。听完这些，我们大家都笑了。我看到小荷的脸上也洋溢着喜悦。我似乎已经看到，在不久的将来，小荷一定会结出金黄的"谷穗"。

只有坚持从"潜能生"的实际出发，注意教育转化的方式，加倍从心灵上关爱他们，才能走进他们的内心。在具体的教育转化过程中，要选好突破口，捕捉闪光点，进行教育跟踪，帮孩子们找回自尊、树立自信。我相信，野百合即使没有人欣赏，即使默默无闻，但只要你投去一个关爱的目光、多给它一个春天，它们就一定会留下一片芬芳！

春风细雨里成长的小树苗

——记苗苗的教育日常

周　敏

第一天上学，苗苗就用他响亮的声音让我很快记住了他。他浓眉大眼，白白净净，是一位壮实的男孩子。可是后来的日子里，苗苗给自己和班级惹来一连串的"麻烦"，同时也让我从这个不同寻常孩子的故事中，领悟到了更多教育的真谛。

一、"哼！你们不给我铅笔"

入学第一周，我就发现苗苗不遵守课堂规则。老师讲课时，他埋头看课外书，提醒之后，过不了几分钟他又继续做自己的事情。更麻烦的是，一天之内，他和周围几个小朋友接连发生矛盾，诸如抢别人的铅笔、拿别人的橡皮、用别人的水壶喝水，等等。当我制止他抢别人铅笔时，苗苗会大声哭喊："哼！你们不给我铅笔，你们欺负我，我要用铅笔写字！"这样的事情接连发生，尽管我耐心地跟他讲道理，告诉他怎样保管自己的铅笔，怎样去借铅笔，然而第二天，事情又会重复发生。通过观察和交谈，我发现苗苗常以自我为中心，不会换位思考，他不理解为什么不能拿别人的物品！

于是，我开始跟苗苗妈妈进行电话沟通，因为我想找到孩子产生这些问题的根源。通过苗苗妈妈，我了解到，在孩子幼小的时候，父母特别忙，3岁之前他一直是由保姆阿姨在照顾。苗苗小的时候很安静，不哭不闹，能吃能睡，通常的情况是：保姆阿姨看电视，苗苗一个人在旁边安静地玩玩具。在孩子0~3岁大脑飞速发育的时期，大人跟孩子之间很少交流！之后上了幼儿园，孩子也总是问题多多。

幼时成长关键期父母陪伴的缺失，导致了苗苗不善表达，也不会理解他人。他的思维方式不同于其他孩子，他更多的是沉浸于自己的世界，只会从自己的角度索要物品。比如，当他发现别人看的书自己很喜欢时，他会理所当然地抢过来看，不理解要征得别人同意才能借别人的物品。而且苗苗很不会管理自己的物品，尽管苗苗妈妈每晚都会给他准备5支铅笔，可他的铅笔还是会经常弄丢。每当他抢别人的铅笔时，我都会严肃且坚定地告诉他："铅笔是别人的，不是你的！你必须还给别人。如果你需要铅笔，老师可以借给你，也请你用完后还给我。"这样的事重复了很多次，一个多月后，慢慢地，在找不到铅笔时，他会安静地走到讲台上请老师借给他一支铅笔！他已经不再随意抢别人的铅笔了。再后来，他没有橡皮时，也会找老师借，而不是抢别人的橡皮用。

二、"老师，我错了，我不哭了"

苗苗制造的"麻烦"很多，在开学后的一段时间里，他几乎每天都大哭大闹。上音乐课，他因为自控能力差，课堂表现不够好，没有得到老师的表扬贴纸，就坐在地上号啕大哭；同样的一幕在科学课上也重复上演；他不会排队，小队长要他排队，他就坐在走廊上大哭；在宿舍午休，他觉得上铺同学的手伸出了床沿，就对上铺的同学大吼大叫；课堂上，他会突然大声地说一句不相干的话，扰乱课堂……虽然在孩子哭闹之后，我能给予关心与安抚，但是这解决不了根本问题，他的哭闹事件会在第二天或第三天继续发生。于是，我又找到了苗苗父母，跟他们真诚地沟通了孩子的在校情况，并通过孩子父母更进一步地了解这个孩子的方方面面，我想尽可能地尝试着发现他的闪光点和他感兴趣的事情。

接下来的日子，我特意在课堂上请苗苗回答问题，不管他回答得如何，我都表扬他能大胆表达；放学时，我也请苗苗当"路队长"，看看别人如何听他的口令整齐排队。慢慢地，苗苗从完全不会听讲到有时会听讲、有时会主动举手回答问题了。当他坐姿端正的时候，我都大声地当着全班同学的面表扬他，苗苗慢慢喜欢上了我这个严格的老师，并且希望老师也喜欢他、继续表扬他。

入学初期是养成行为规范的最佳时期，在征得苗苗父母的同意后，我邀请了苗苗爸爸来校陪读了一段时间。苗苗爸爸安排好自己的工作后，每天都陪同孩子上学：上课、午餐、午休、放学……我特别留意到，每天上课时，苗苗爸爸都用很端正的坐姿给孩子做示范，提醒孩子用正确的方式书写，提醒孩子先举手后回答；排队时苗苗爸爸教孩子站队的位置与姿势，他自己也像同学们一样遵守班级纪律、认真学习；课间，苗苗爸爸还带着他去跟同学交朋友……

由于工作原因，苗苗爸爸只陪读了一周，但这一周给孩子带来了很大的变化：苗苗上课扰乱课堂的情况少了许多，哭喊也少了许多，偶尔他忍不住在课堂上哭闹时，我会轻轻地提醒他这样做不对，这时他会抹一抹眼泪："老师，我错了，我改正，我不哭了！"虽然我也明白苗苗并不完全理解老师跟他讲的道理，但他一直在努力成为老师喜欢的孩子！

三、"我有很多好朋友"

苗苗一点儿一点儿地进步着，我进一步鼓励他去跟同学交朋友。尽管我教了他很多礼貌用语，以及赞美别人、与人交朋友的方法，可是苗苗还是做不好。我苦苦思索：怎样才能让苗苗交到朋友呢？终于，我灵机一动：为什么不反向行动？我转变了方式，让其他小朋友与苗苗交朋友，请优秀的孩子做苗苗的"好朋友""小老师"。这之后，我总是能看到苗苗的同桌帮助他整理课桌，提醒他做课前准备；当苗苗突然跑到隔壁的教室里时，总会有热心的同学牵着他的手走回自己的教室；苗苗排队总排不好，小队长会带着他走到自己的位置；然后，和苗苗并排的女生会一直牵着他的手，不让他掉队……

与此同时，我也请苗苗妈妈周末多带他去找朋友玩，她非常认可我的建议，每个周末都在陪伴孩子，教他与别人做朋友、教他别人的东西不可以随便动……苗苗妈妈跟我说："老师，我真的教了很多遍，他还是做得不够好。"我的回答是："我也教了苗苗很多遍，他现在也做得不够好，我会一直教下去，直到教会为止！"

…………

苗苗的"麻烦"还在继续，作为他的班主任老师，我看到了苗苗的努力与进步！是的，他是一个有些特别的孩子，但他一直在努力，只是步伐慢一点儿而已。如果说学校是春风，那么家庭便是细雨，春风细雨，万物萌生，只要家校并肩携手，小树苗都将长成参天大树！我相信，苗苗这棵小树苗会慢慢成长，并将越来越好！教育的美好本就如此！

"国王"和"天使"的故事

陈小燕

每接手一个新的班级，总会遇到个别"特别"的孩子，我们把这些孩子叫"数星星的孩子"。他们或性格内向、行为怪异，或学习能力、自理能力均比较弱……如何让这些孩子融入集体生活中？如何让班级其他孩子悦纳这些孩子？这些问题常常困扰着一线班主任。

一、伤心的"国王"

这是一年级新生入学的第一天。放学了，孩子们像出笼的小鸟一样叽叽喳喳，迫不及待地收拾书包，准备到教室外面排队，再走到放学点。当我正组织队伍的时候，教室里突然传来一阵哭声。我赶紧走进教室，只见教室的一角，阳阳正伏在课桌上号啕大哭。

我走到他身边，抚摸着他的头问："怎么啦，阳阳？"他抬起头，泪眼婆娑地望着我，并不答话。我又问："是不是有同学欺负你？"他还是不理我。他同桌悄悄告诉我："老师，没有人欺负阳阳。他是因为今天发了新书，书包太小装不下，他一着急就哭了。"我打开他的书包一看，可不是，里边装了两大包纸巾、一件衣服、一条汗巾，这些已经占去了书包空间的一大半。孩子刚上一年级，家长还按照幼儿园的要求给孩子准备上学用品。我轻轻地抚摸着他的头说："没有关系，我来帮助你。"我把书包里的东西清出来，把书装进了书包，再用一个小袋子装好汗巾、纸巾等杂物让他提在手上，同时又擦干了他脸上的泪痕，拉着他的小手往放学点走去。

晚上我给他的爸爸打了电话。据他爸爸反馈：这孩子是奶奶带大的，相对同龄人来说比较内向；他不爱说话，总喜欢一个人静静地待着。

接下来的日子，我对阳阳更为关注了。我发现他课间总喜欢一个人安静地待在角落里，从不跟其他孩子玩耍，也极少说话。开学快一个月了，他从没在课堂上举手回答过一次问题。慢慢地，我发现其他孩子也不太喜欢跟他交往。有一天，他的同桌向我提出不想跟他一起坐，问其原因，竟然是因为他总不说话，问什么问题也不答，他的同桌觉得他太无聊而不喜欢他。第一次的测试，他考了20多分。慢慢地，我发现其他孩子越来越疏远他。

如何让这样一个孩子融入正常的集体生活中，同时让其他孩子接纳他呢？

正当我一筹莫展的时候，我刚好在看一本书，书中介绍了一个叫"国王和天使"的游戏。这个游戏的规则是：班级每一个孩子都能成为"国王"，同学们在一张小纸条上写下自己的愿望放进心愿箱；接着每一个同学从心愿箱里抽出一张纸条，抽到谁，谁就是你的"国王"，你就是他的"天使"，"天使"要默默守护着"国王"，为他做一些惊喜的事或实现"国王"的愿望，而且还不能留下蛛丝马迹。游戏的目的是让班里的孩子感受给予爱和被爱的温暖及快乐。我心想：不如把这个游戏引入班级管理，或许能解决"融入"的这一难题。

我把游戏规则稍做改造，"国王"只有一个——阳阳，其他同学、老师、家长都是"天使"。我们私下约定，在接下来的日子里，我们要尽量不动声色、不留痕迹地给阳阳一些帮助，可以是一个小提醒、小礼物、小帮助……

二、"国王"和"天使"

自从有了这个约定，班里的孩子们都显得异常兴奋。平时，阳阳的抽屉里有时会多一颗糖，有时会多一块饼干；美术课后，有同学会主动帮他收拾美术用具；体育课上，原来嫌弃他的那个同桌也开始教他踢毽球；课间，几个文静的孩子陪在他身边，有时帮他整理书本、作业，陪他说说话，有时他们就静静地坐着……孩子们在做这些事的时候，显得小心翼翼，尽量装出一副若无其事的样子，但脸上总带着笑意，像在做一件很特别、很神圣的事情，这时的他们显得非常可爱。

慢慢地，我发现阳阳变了，变得自在从容了，偶尔脸上会有笑容。有一次上语文课，他竟然举手发言了，虽然声音很小，但话还是说出来了，全班同学都在为他鼓掌，我也欣喜若狂。晚上，我把当天课堂上发生的事情告诉他的父母，他的父母也惊讶不已。

我还和他的父母约定，每天坚持给他写小纸条，纸条上写着鼓励的话语，及时发现他的闪光点，及时予以鼓励。慢慢地，他的话越来越多了，笑容也越来越灿烂了。阳阳爸爸告诉我，现在阳阳回到家，有时还能跟父母分享学校发生的事情。

我赶紧抓住契机，做了一个大胆的决定，让他来担任值周班长，时间为一周。我知道这样做有点儿冒险，为此我也单独找他谈了话，让我意外的是他竟然答应了。晚上，我打电话把这件事告诉了他爸爸，并说了我的计划，他爸爸很支持，并允诺会全力配合。我先让有经验的值周班长带他，每天上课前，值周班长站在前面组织活动，他就站在值周班长的身边。开始的时候他很不自在，手不知道怎么放，眼睛也总是在躲闪，不知往哪里看。慢慢地，半个月过去了，我发现他越来越从容了，便问他："准备好了吗？"他点了点头。

轮到他当值的第一天，他很早就来到教室。课前，他能按值周班长的要求组织课前准备，虽然声音很小，但教室里却异常安静，当他把一系列"规定动作"做完后，教室里响起了掌声。那掌声热烈而持久，他笑了，笑得很甜！同学们也笑了……就这样，他的第一次尝试就定格在如此美好的画面上。

三年级的时候，他的语文成绩已经达到了90分以上，英语竟然考了100分。

现在"国王和天使"的游戏已经结束，但在这个班集体中，"国王"和"天使"的故事每天都在上演。只要谁有困难，周围就会有一群天使帮助他。这种美好的境界，值得我细细回味。

一把钥匙开一把锁

陈林汇

　　每当我踏进菁菁校园，听到一声声真挚的问候，看到一双双求知的双眸，顿觉一股活力注入心田，一份责任感油然而生。作为班主任，我深深地感到：学校就是我的舞台，学生就是我的最爱。

　　我带二年级一个班的时候，他是转入我班的 4 个插班生之一。他是从深圳转过来的，他的妈妈在深圳工作，爸爸在东莞工作，由于父母每天回家都很晚，他跟着年迈的爷爷奶奶生活。他学习成绩很差，上课听讲不专心，回答问题也不积极。我努力了很久，他仍然没什么起色。"一把钥匙开一把锁"。我想我必须坚持，我要用我的行动告诉他，我很看好他。课上，当他不看我的时候，我会用语言提醒他；当他走神专注于自己的小世界的时候，我会走到他面前，轻轻地帮他把书扶正，用善意且略带责怪的眼神看着他；当他端正坐好后，我就会及时表扬他。课下，我会耐心地帮他辅导他没有掌握的知识，几乎每天我都会对他说："在老师心中，你非常聪明，只要集中注意力，你可以做得很好，相信我。"他很诧异地看着我，说："老师，我基础很差。""傻孩子，基础差没有关系，你这么小，一切都来得及，而且老师也会尽全力帮你。"我很肯定地对他说。后来，他主动告诉我，其实他也想做个认真听讲的好孩子，他不知道自己为什么老是走神，也不知道自己在想什么。他还说，父母在外地工作，家里只有奶奶照顾他，奶奶不认识字，所以无法辅导他作业。他非常希望我帮帮他。听他说到这里，我真的很内疚，身为一个班主任，却没有第一时间去了解他。打那之后，我们两人定下一个约定，他先试着每天提醒自己专心听课 20 分钟，然后随着时间的推移再一点点延长。我也会在课下帮他辅导，会每天都关注、关心他的一切。

就这样，我们俩共同努力着。终于，在一次考试中他突破了 90 分。我当着全班同学的面隆重地表扬了他，他的脸上也露出了些许自信。在学校举办教学大赛之前，我找到他，告诉他我要讲公开课，需要他帮忙，并告诉他要读熟课文，因为我会叫他读课文。在那堂课上，他的课文读得非常通顺流畅，并且主动举手回答了好几个问题，更让我惊喜的是，他答对了大家都没有说准确的问题。现在他的字写得比以前漂亮多了，而且知道主动学习了。虽然有时他还会有些不自觉，但是我知道他在进步，而且我也会一直关注他。我不知道我还能为他做多少，只希望他能够越来越优秀。

小活动点燃爱

叶云霞

现在的孩子大多是独生子女，深受家长的宠爱，在行为意识上很容易以自我为中心，而且常常因为言语不和、动作不友善和同龄人发生打架事件。或许因为孩子们在关爱他人方面有欠缺，所以同学间的矛盾屡禁不止，严重地影响了班级的和谐发展。那么，如何让学生学会爱，让班级成为温暖的、友爱的集体呢？

一、变说教为体验

我深知品德的建构不是说教出来的，而是从活动体验中成长起来的。我决定以小活动为突破口，为爱导航，点燃爱心，增进同学间的友谊，并用亲身体验教会学生感受爱、表达爱、传递爱。

活动名为"国王和天使"，我选定了12位"潜能生"作为"国王"。他们平常多以自我为中心，不能与同学融洽相处，大家对他们敬而远之，同学矛盾层出不穷。我让这12位"国王"每人写下姓名及4个心愿，并把这4个心愿投进愿望箱，这些心愿通过他人的帮助是可以实现的。接着，每个同学把手伸进愿望箱，随机抽一张小纸片，记下"国王"的心愿与名字。在此后的日子里，这个同学会秘密观察自己的"国王"并帮助他，成为"国王"的"爱心天使"。"国王"要细心地感受来自身边的温暖，找出自己的"天使"。

2019 年 12 月 12 日，"国王和天使"活动正式开始，这个爱心活动经历了一个月。无论是"国王"还是"天使"都要严守秘密，游戏结果公布后，"国王"对不满意的"天使"要进行适当的惩罚，没有猜出"天使"名字的"国王"也要被惩罚。在活动期间，"小霸王"小宏再也没有欺负过同学，有位同学扭伤了脚，他还把午餐送到这位同学面前；轮到他值日，他总是抢着干，这位"国王"脸上总是挂着笑容。令人头疼的小钰不仅学习成绩差，而且脾气暴躁，身边没有一个朋友。这一次，她收到了同学写给她的纸条，上面写着："尊敬的小钰'国王'，早上好！希望你在新的一天里，能够快快乐乐地学习！我很期待你的进步！加油！"小钰把这张纸条保存着，直到活动揭晓才拿出来。她也对自己的"国王"小冠说："尊敬的小冠'国王'，希望你的书写有进步！每一天都快快乐乐的！"

二、感受爱和表达爱

"天使"们是怎样帮助这些令人头疼的"国王"的呢？我迷惑不解。于是，我期待着这一天早日到来。我邀请了小钰，她对学习没有兴趣，每天都是一副愁眉不展的样子，一不开心她就号啕大哭，同学们见了她都要让她三分，谁也不敢招惹她，所以她在班上很孤独。她慢吞吞地站起来说："我的'天使'应该是小童，因为她经常找我玩，还关心和照顾我，让我感到很温暖。我猜她一定是我的'天使'！"我没有想到小钰感受爱的能力这么强。平日里，她拒人于千里之外。这次，他们像磁石一样吸引着她。我借此引导学生思考："当你感受到别人为你付出的爱，你将怎样回报这份爱呢？"霎时间，同学们沉默不语。小钰面带微笑地对小童说："谢谢你的关心！原来我也是有朋友的，原谅我对你的不礼貌！"小童眼里闪着喜悦的光芒，他们俩拉着彼此的手合影留念。看到他们的笑容，我被孩子们的真挚情谊所感动。这时，有一位男生说："小钰做得很好，我们可以表达感谢，用行动回报同学。"也有人说："可以像亲人一样拥抱帮助你的人。"我补充道："我们身边从不缺少爱，只要你用心去感受，就会发现爱永远在你身边。同时，你也能在行动上给予别人爱，助人如助己。你就是大家心中最美的'国王'和'天使'。"话音刚落，教室里响起了热烈的掌声。

轮到我们重量级的"国王"登场了，小宏最能"搞事情"，扰乱课堂、顶撞老师可是他最拿手的招数。此时，他声音洪亮地告诉大家："我的'天使'是小新，因为我上社团的时候，他帮我整理书包，并送到我的手里，让我的愿望实现了，我要谢谢他！"我让两人走到教室中间，他们紧紧地拥抱在一起，这位多刺的"国王"收获了久违的友谊，他眼里饱含着深情对全班同学说："感谢大家对我的帮助！我知道我有很多地方对不起大家，让班级因为我多次扣分。以后我改，我会做好的。"同学的爱触动了他心灵最柔软的地方，我和颜悦色道："世界上没有一个人是孤岛，你对别人微笑，别人就会对你微笑；你帮助别人，别人就会帮助你；我们想要别人考虑自己的感受，那我们首先要考虑他人的感受。'予人玫瑰，手有余香。'希望小宏努力成为大家心中最友善的'国王'！"

我的话音未落，小宏就深深地向同学们鞠了一躬，教室里又响起了热烈且持久的掌声。活动满足了他被尊重的需要，并推动着他向自我实现的层次前进。后来，小宏发生了很大的转变，他变得很热心。尊重和信任让他找到了归属感，学会了如何感受爱、表达爱。

三、送感谢传递爱

感谢是表达爱的第一步。首先我让各小组填写"感谢树"，并分小组讨论表达爱的表情、言语、动作等都有哪些？引导学生根据自己的生活经验总结出表达感谢的方式。

"学会感谢"分类表：

表情做法（微笑，真诚的眼神）

言语做法（请，你好，谢谢，对不起，你真棒，给你点赞，没关系，你能行，加油……）

动作做法（拥抱，挥手，握手，击掌，鼓掌，竖大拇指……）

礼物做法（精心准备的贺卡，做的手工，好吃的点心，意外的惊喜……）

"国王"和"天使"互表谢意之后，同学们开始自由活动，走到最想感谢的同学面前，向他表示感谢。我看到同学们互相拥抱、互相感谢，耳边响起一声声"对不起""我们一起加油"……爱，在同学心中温暖传递。

随后，学生用发表感言的形式分享此时此刻的感受。调皮捣蛋的小松对小钰说："小钰，对不起！我总是嘲笑你的学习成绩不好，有时候还欺负你，你能原谅我吗？你在学习上有困难，我会帮助你，你愿意努力进步吗？"小钰握着小松的手对全班同学说："以前我找不到朋友，今天有这么多同学关心我、帮助我，我非常感谢大家！我也要向大家说声对不起，我以后再也不会乱发脾气了，我会好好学习，争取不给班级拖后腿。"班长站起来总结道："通过今天这个活动，我明白用心才能感受到爱，表达爱要大胆地说出来，用行动去传递爱，这样我们班才能成为爱的家园。"同学们不约而同地向班长投去赞许的目光。

最后，我出示了"善行树"，让学生记录班级里互帮互助的故事。从 12 月到放暑假，"善行树"上贴满了爱心故事。同学之间"化干戈为玉帛"，在这次班级体验活动中，每个同学心里都荡起了爱的涟漪，从心理上接纳了班里这 12 位"潜能生"。让他们找到了归属感，学会了感受爱、表达爱，同时也让他们身体力行地回报这份爱。

让教育回归生活，用贴近生活的小活动，以孩子们喜欢的方式进行道德建构，只有爱的教育才能内化于心，培育学生的精神生命，实现立德树人的育人目标，"让学生学会爱"从来就不是一句空话。

一句话的改变

刘浩琴

教育家乌申斯基说："如果教育学期望从一切方面去教育学生，那么就务必首先也从一切方面了解学生。"作为教师，要想学生对你多一份亲近与信任，使每位学生都能得到你平等的关注，就需要你躬下身来主动走进每一位孩子的心里，用他们心灵深处的能源，照亮他们的精神世界。在三尺讲台默默耕耘着的我，在匆匆时光里，许多故事都已模糊不清，可也有一些就如同树根一样深深地扎在了我的心灵深处，虽不曾惊天动地，但仍历历在目。

我的班里有一个名叫峰峰的学生，他活泼好动，爱管闲事，喜欢打小报告和顶嘴，经常以嘴伤人，不明白什么话该说，什么话不该说，容易和同学起争执，并出现偏激行为。而另一个叫章章的学生，经常与别的同学起争执，班上很多同学都被他欺负过。当问他为什么打别人时，他一脸茫然，使劲摇头回答着"不为什么"。峰峰和章章私下曾发生过多次争执，每次都是章章以暴力赢了峰峰，而峰峰则敢怒不敢言。

那天，远远地就听见教室里传来七嘴八舌的吵闹声，我火冒三丈地走进教室准备训斥一顿。见我进来，有的孩子赶紧埋头写作业，有的则呆呆地看着我。纪律委员看我走过来，就说："刘老师，章章发现他拷的'课前3分钟'的U盘不见了，正在发狂呢！"难道班上有同学又犯老毛病了？这种事已经发生了好几次了，我犹豫着，目光严厉地看着同学们。章章"呼"地一下子站了起来，把书往地上一摔，歇斯底里地吼道："这是妈妈借同事的U盘，放在笔袋里不见了，谁拿了？要是让我发现了，准打他一顿。"孩子们被突如其来的喊声吓了一跳。我也愣住了：好大的火气啊！只见他眼睛里饱含着泪水，小脸气鼓鼓的。我当时真想灭灭他嚣张的气焰，因为他一天到晚与同学发生争执，准是谁不服气，用这种小手段来报复他。可这个念头只一闪就消失了，这个问题影响班风班纪，必须处理。但万一真抓出哪位同学，那这个同学就被冠上"小偷"的名义了，对他来说必然影响很大，而且也影响班级团结。我决定先冷处理，于是跟大家说："孩子们，一个人的诚信是无价的，相对于几十元钱的U盘来说，诚信更宝贵。教室都装了监控，我下课去看监控就知道是谁拿的了。我知道可能是有人不小心拿去玩了，但希望他能悬崖勒马，下课后可以写信偷偷告诉我，信可以不写名字，或者直接把U盘放到我办公室桌子上。"

结果下课后，峰峰就跑过来跟我说他找到章章的U盘了，藏在储物柜的最底下。要知道，一般没什么事是不会有人去翻储物柜的，因为那里只有一些杂物。我说："好，谢谢你，峰峰！同学们把掌声送给峰峰。峰峰跟我来一下办公室。"

来到办公室，我说："峰峰，你是怎么知道U盘在那里的？平时你可不会去翻储物柜的。"峰峰说："我的笔不见了，我去那里找。"我假装和他说我已经看监控了，监控显示U盘是他拿的。接着我说："我知道你肯定不缺这U盘，你也不是想据为己有，这件事情请你如实告诉我原因。这是我们的秘密，我不会告诉其他人。"峰峰听了，委屈道："章章老欺负我，前几天把我的笔盒弄坏了，还不帮我修好，也没有道歉。我就是想整整他！"话音刚落，峰峰已经泪流满面，他接着说，"老师，多谢您，我以后再也不会做这种糊涂事了，因为您让我在同学们面前抬起了头。"听了他的话我由衷地感动，作为一名教师，虽然我们都在努力关爱、尊重每个学生，但是如果有一句话稍有不慎，就会影响一颗心灵，甚至改变一段人生。

经过这件事后，班里丢东西的现象基本没有再出现过，章章和峰峰也不再那么针锋相对。特别是峰峰能和同学友好相处，懂得包容同学，不再打同学小报告了。

我庆幸自己当时采用了这种冷处理的方法，没有直接在班上抓学生，给学生留了面子和自尊心。同时我也深深地体会到教师要特别注重自己的言行：一句话、一个举动可能会改变学生的一生；一个眼神，一个微笑也会成就一片天空。

班主任要营造一个积极向上的班集体，绝不是一个"勤"字就可以成功的，也不是一个"严"字就可以"出高徒"的。作为 21 世纪的班主任，我们要懂得以人为本，用真诚、宽容之心去爱自己的学生，这样才能与学生融为一体，才能造就一个更出色的班集体。冰心老人曾经说过："成功的花，人们只惊羡她现时的美艳，然而当初她的芽儿，浸透了奋斗的泪泉，洒遍了牺牲的血雨。"愿我们辛勤的付出，以及我们的爱与智慧，能化作点点滴滴的甘露，滋润学生的心田。

爱是打开孩子心灵的金钥匙

吴秀珍

　　有这么一句话：爱是打开孩子心灵的金钥匙。是的，教师既是孩子的良师，也是孩子的益友。这就说明，爱是唯一能打开孩子心灵的金钥匙。

　　在班上有个学生叫小俊，他的脾气非常暴躁，动不动就发脾气，在家也不听父母的话，没人管得了他，他仿佛成了一头桀骜不驯的狮子；在学校他经常跟同学吵架、打架，同学们都闻之色变；他对老师的态度也不好，不尊敬老师，也不愿意听老师的话，成绩更是一塌糊涂……

　　提到这个孩子，认识他的老师都头痛。不过，自从我接手他们班以来，我从来没有放弃过他，也没有厌倦过他，我坚持用爱心和耐心教育他，一次转化不成功，那就两次、三次，直到看到光明的曙光为止。

　　在教育小俊的过程中，我也曾被他气得流泪，因为他这样的脾气不是一两个月就可以彻底改变的，因此我每天坚持与他促膝聊天，听他说说自己的心里话，听听他有什么难处，了解他最想做的是什么……很长一段时间之后，小俊慢慢地接受了我的爱，人也变得冷静下来了。他最大的变化是遇到事情会跟我倾诉，不会再冲动行事，因为在他内心深处，他知道我是为他好。

经过差不多两年的转化，现在，我们发现小俊能尊重老师了，大部分时间能够很好地控制住自己的情绪，不会冲动地与同学争吵、打架等，在家对父母的态度也有了质的变化，这让父母感动不已。小俊在思想上有了很大的改变，我们终于走进了他的内心深处。

有一次，在语文半命题作文："（　　　）真好"里，我们明显地发现小俊同学有了很大的改进，这作文里的一字一句，都是小俊内心的独白。

老师真好

中心小学六（3）班　小俊

每一个人，都有每一个人的长处与短处，那都是每个人的美，每个人的美都是不一样的，我就讲讲我的老师的美吧。

美，不一定是外表，只有心善才是真正的美。不管外表怎样，只要心灵美，别人一定会看到他的美。

我的老师，是一个心灵很美好的老师。我的老师对每个同学都有一份关爱，但很多同学把老师这份关爱视而不见。我在班上总是犯错误，但老师从来没有放弃我，总是不厌其烦地引导我，我时不时从老师的眼中看到她希望我以后能在社会上很好地立足，而不是被人看不起。我们应该从错误中不断总结经验，进化成一个新的自己，而不是一直犯同样的错误。老师一直坚持着她为人师表的一份信念。我从老师的眼中，看到了伤心、痛苦和想放弃的冲动，不过老师一次一次坚持了下来，我看得出老师眼中的善意。老师，当您被我们这些不听话的学生伤害到时，是否在想我为了他们好，可学生为何还这样……老师您不是说：什么人就跟什么人说话，品质就等于那个人的名片。哪怕他们以后在社会上一事无成，也只能怨自己，老师至少您是努力过的，心中无愧。

您是一个很好的老师，有美好的心灵，伟大的心胸，您拥有很多美好品质，在我的眼中，您是我见过的最好的老师。老师，谢谢您！

孩子的语言是最能折射出其真实心灵的，这样的语言让我看到了成功的曙光。至少，孩子知道了老师的好，懂得了老师的善，感受到了老师的爱，那么离孩子的真正成功也就不远了。

灿烂花开向阳处：

生命成长故事

"断臂"的扫把

卓琳娜

一、失之"断臂"

寒露将至，层层秋雨渐次褪去夏的炎热，送来阵阵凉爽的微风，令人身心愉悦。伴着悦耳的啁啾鸟鸣，我迈着轻快的步伐，习惯性地往教室储物间走去，欣赏完洁净的地面，抬头却瞥见一根"断臂"的扫帚——已"壮烈牺牲"变成两节了。其中，半截棍子苦不堪言地悬挂在工具栏上，断裂处里三层、外三层地裹着凌乱不堪的双面胶，另一截则无奈地倚靠在拖桶上，仿佛在无力地呻吟。

以往，遇到学生破坏公物逃之夭夭，我定会刨根问底，严厉批评。然而，今天的我却格外平静，甚至有些窃喜——某个同学折断了扫把，并没有弃而不管，而是曾为修护它做出了努力，这跟以往对比有了很大的进步，值得表扬。考虑到不能浪费宝贵的晨读时间，我若无其事地走回教室，提醒学生收好课外书，做好晨读准备。这会儿，我身旁的一个小男孩恰巧打开书包，在敞开大嘴的书包里，一大卷透明胶显露无遗。我班向来规定不可带与学习无关的用品，小家伙见势不妙，赶忙把透明胶用力往里塞，生怕被我发现。我轻轻地摸着他的头，凑近轻声问："你是不是准备拿它去粘那把断了的扫把？"他小心翼翼地点了点头。我

又说："老师很感动，因为你会想办法解决问题了。下课了再去粘吧，
你很棒！"小家伙轻松地舒了一口气，眨巴着眼对我说："老师，不是我
弄断的，是××在扫地的时候和××玩，结果就折断了。""好，下课
后叫上她，我们一起把扫把修好。"

二、复得"如初"

晨读一结束，几个热心的孩子争先恐后地过去帮忙，努力将两截棍
子整齐对上，将其合二为一。宽大的透明胶在孩子们的撕扯下，"嗞啦
啦"地歌唱着，大家把断了的地方一圈又一圈地环绕着。终于，一切都
"恢复如初"，孩子们托起扫把，成就感满满地向我走来，包括那位"失
手"折断扫把的女孩，脸上无不洋溢着自豪的笑容，他们宛如一个个妙
手回春的医生，神气极了。

我想，这可真是把幸福的扫把呀！既然它的第二次生命是"竹溪
苑"的孩子给予的，那就将其取名为"竹溪扫把"吧。这扫把可不能
丢，因为它见证了孩子们的成长：成长于敢于承担错误，成长于班上同
学的团结友爱。

心理学家在研究儿童思维的过程中发现，4～8岁的儿童处于主观世
界与物质宇宙尚未分化的混沌状态，对事物之间的物理因果关系和逻辑
因果关系一无所知，他们常常认为，一切事物都是有生命的，这就是人
们常说的"泛灵论"。我认为，"泛灵论"可以成为这个时期教育的切入
口。这就需要教师做好以下几点：一是从情感、心理特点上理解孩子；
二是从思维上、行为上转化孩子。我们将班级命名为"竹溪苑"，也是
寄望于每位孩子都是有灵性的"小竹子"，在灵化的自然中和谐成长，

与物相长，与人互成。每当遇到破坏公物等类似情况时，我总会引导孩子们学会换位思考，养成爱护公物、与身边的人和谐相处的好习惯。当然，人非圣贤孰能无过？做错事的孩子一定要主动站出来承担责任。敢于承认错误、承担责任是一种态度，也是一种勇气，只要你站出来勇敢面对，避免今后再犯，别人都会原谅你……如今，见到孩子们在进步、在成长，我的内心也是丰盈而幸福的。

临近下课，我开了一个微班会，跟孩子们讲述了"竹溪扫把"的故事，并对参与修护扫把的孩子们进行及时肯定和奖励。"小竹子"们无不自豪地昂首挺胸，那神气劲儿无人可比！接着，我收敛笑容，严肃地跟孩子们说："这把扫把不能丢，要收藏起来，让它一直陪着你们到六年级，因为它是独一无二的扫把。哪个同学来说说，看到这把扫把，你会想起什么？""我会想起一个人，那就是逸涵，是他主动为同学承担责任，修好了扫把！""我会想起这是同学们团结起来修好的扫把！""我会想起不可以破坏扫把和其他东西。""我会想起做错事要勇于承认错误。"……孩子们说得头头是道、句句在理。紧接着，我当着大家的面，郑重其事地把写着"竹溪扫把"4个大字的贴纸贴在扫把的顶端，并请同学用透明胶进行加固防护，"竹溪扫把"在雷鸣般的掌声中应运而生。最后，我拿起扫把径直走向储物室，露出欣慰的笑容。

三、长留"竹溪"

课下，我提议学生分组和扫把合影，没想到孩子们激动万分，犹如和明星留影一般，纷纷排队等候，争着握紧扫把合影。合照完毕，我让班长将扫把置于储物间最显眼的地方。从今以后，孩子们总能像朋友般轻挽扫把的小手，认真细致地清扫地面，再也没出现过折断扫把的情况了，班级里破坏公物的现象也大为改观。

也许，这次教育是源自这把独一无二的"竹溪扫把"，这勇于承担责任的精神，将如一颗颗幼小的种子，植根于孩子们纯净的心灵世界，并陪他们茁壮成长。

在法国卢浮宫，闻名于世的维纳斯雕塑被奉为镇馆之宝。每天，来自世界各地的参观者如潮般涌来，络绎不绝，人人都觉得能亲眼看见这尊维纳斯像是人生一大幸事。而在我们"竹溪苑"，也有属于我们班的"镇班之宝"，那就是"竹溪扫把"，它没有光鲜亮丽的外表，也没有闻名遐迩的名气，但它却承载着"竹溪苑"勇于担当、团结友爱的精神。

迟来的掌声

徐一婷

终于到了宣读本周获得流动红旗班级的时候："一年级……二年级：'莞香书院''五味书屋''粹墨轩'……"同学们屏息敛气，静静地听着，期待着"青青子衿"这几个字，大家都准备着做出胜利的姿势和来一阵热烈的掌声。"三年级……"教室一阵沉默，仿佛空气凝固了一般，但是随后，教室里响起阵阵叹气声，随即同学们都放下了准备好的手掌，眼里满是失望，紧接着他们把失望和疑惑的目光投到我身上，我懂得，那意思是问："老师，我们班这周没有得到流动红旗，是哪里出了问题？"我内心一阵窃喜：孩子们有集体意识和班级荣誉感了，这是一次非常好的教育契机。

事后，我并不急着为"本周流动红旗情况汇总"揭开谜底，迎着同学们关切的目光，我不紧不慢道："同学们一定很想知道我们为什么没有得到流动红旗，问题出在了哪里，是吗？""是的，老师，是谁拖了我们班的后腿？"班长急切地问。"老师和你们一样，也想知道究竟哪些同学被扣分了，班级哪些地方没做好。来，觉得这周自己哪些地方没做好、可能给班级扣分的同学，请来个自我反思吧！"

"老……老师……"一个弱弱的声音响了起来，只见小彭站了起来，难过地说："我前几天因为放学走了不该走的通道（机动车道，学校严禁学生通过），被值日老师扣分了，我第一次走家长接的通道，以前都是走坐校车通道，对不起！"

"我不该下课在走廊拐角处与同学打闹，给班级带来了不好的影响……"小维低着头站了起来。

"我在体育课与同学闹矛盾，还跟向思瑶动了手，我也影响了班级……"站起来的小亮，前几天因为与同学动手打闹被我批评过，这时能主动站起来，说明他已经认识到了自己存在的问题。

"我午休时和车明亮打闹了好几次，这分恐怕是我扣的！"小程一边擦着眼泪一边站起来，哭出了声音。

"我放学也走错道了……"

"我放学踩草坪了……"

望着一个个站起来的学生，我静静地听着，一句话也没有说，眼里满是鼓励。有些平时胆怯的学生也站了起来，对自己本周的不良行为做了自我批评。

等没有人再站起来时，我对全班同学说："同学们，不管怎么样，我们要把掌声献给这些敢于自我批评、自我审视的同学，因为他们勇敢地认识到了自己的不足，从他们的脸上，老师读到了改正的态度。"

一阵雷鸣般的掌声在班里响了好久。

"老师一直都这样认为：一个人犯了错误不可怕，可怕的是没有承认错误的勇气，不自知，不改正。

"同学们，优秀的同学当然值得赞赏，但那些犯了错误勇敢承认并努力改正的同学同样值得我们赞赏！我们再一次把掌声送给优秀的同学和勇于承认错误的同学！"

听着这迟来的掌声，我冲孩子们甜甜地笑了。

她才是真正的学习标兵

余惠红

又到了一学期一次的期末评优时间了，受疫情的影响，本年我们的期末检测取消了，因此无法给期末评优工作中的"学习标兵"评选提供期末检测的成绩数据，于是我们班的评价就根据学生本学期的各科学习情况来综合评定。不料，在评选的过程中发生了一件事……

一开始，由于我对评优名额产生了误解，以为每个班有 10 个名额，于是根据各科老师提供的意见，我们选定了 13 名候选人，然后通过班级同学的民主投票，综合各方的意见，最终选定了 10 名同学入围。可在上报名单的时候才发现，原来"学习标兵"的名额是每个班 5 名，并非 10 名，我们又不得不重新调整，根据综合的情况删除其中的 5 名同学，最后剩下了 5 名同学入围。在被删除的同学中，有个别是 3 年来第一次入围的，因此在落选后特别失落。

"老师，我退出，把这个名额让给小汐！"突然，一个声音从我的后方传来，我回头一看，原来是小宇。小宇是我们班的"学霸"，不仅各科学习成绩优异，而且还一直是班级里公认的"雅正之星"，综合素质非常高。听她这样说，我不由问道："小宇，你为什么要这样做呢？"她毫不犹豫地说："我之前已经当选过'学习标兵'了，如果我这次还当选，就是两次了。而对小汐来说，这是她的第一次，特别难得，而且她这个学期在各方面都表现得非常优秀，进步也很大，我想这个奖给她最适合不过，也是对她的鼓励。老师您不是说过，有好的东西是要大家分享的吗？"听了孩子这番话后，我心里涌出一股暖流，此时此刻，我很想抱紧这个"小大人"，因为她的话让我出乎意料，也不知道在她背后究竟有多大的力量推动她做出这样的决定，因为"学习标兵"是学习评价上的最高奖项，很多时候，孩子们对它都是非常渴望的。此时的我来不及再多思考，只问了一句："你决定了吗？不后悔吗？"只见小宇对着我坚定地点了点头，此时我和班上的其他孩子们不由得向她投来赞赏的目光，并给她鼓起了热烈的掌声，那掌声异常热烈且持久。在大家的掌声中，小宇安静地坐回了座位，而小汐则感动地对小宇连声道谢。

"这才是真正的'学习标兵'！"我不由得惊叹道。为了让别的同学得偿所愿，不惜把自己的珍贵机会让出来。其实在综合评选中，小宇当选"学习标兵"是当之无愧的，而为了能让更多的同学体验这份快乐，她竟然牺牲自我，成就他人。这样的品德来自一位 9 岁的小女孩实属难能可贵。

但是一下课，我却看到了另外一幕：小宇站在教室的窗台边哭了，有两三位同学正在给她递纸巾。我悄悄地走近她，只见伤心的泪珠不断从她的眼角滚滚而下，但没有哭出声音，我开始同情这小女孩了，心想难道她后悔刚刚的决定了？但为了不给班级制造不必要的猜疑，我轻轻地拉起小宇的手往办公室走去。在一番谈心后，得知原来小宇不是后悔自己的决定，而是害怕这个决定会让家里的父母失望，他们会责怪自己没有当上"学习标兵"，所以她心里产生了恐惧。于是，我对小宇进行了积极的开导，我说："奖项是可以搬得动的，它只不过是一纸证明，但是荣誉是刻在人的心里的，是搬不动的，它不一定体现在一纸证明上，你想要哪一种呢？现在还可以重新选择。"小宇说："我要搬不动的。"我说："嗯，那你今天的选择就是这个了，我相信你的父母听了这个缘由，不仅不会生气，还会更加以你为荣的。要不我们一起打电话向他们求证一下，如果他们对你还是当初的要求的话，我们再做决定，这样也可以消除你心中的疑虑，好吗？"她点了点头，于是我就当着小宇的面给她的妈妈打了电话，我先把事情的原委向小宇妈妈述说了一遍，后来让孩子自己和她妈妈沟通，没想到，电话那头不仅没有传来责骂声，反而是一种更加坚定的回答："宝贝，妈妈以你为荣！"孩子听到后，瞬时眼泪"哗"地流了下来，她心头的大石顿然放下。是的，对于孩子的这一决定，我们都是引以为豪的。最后，我再次对她予以肯定："你是真正的'学习标兵'！"孩子含着泪，开心地点了点头。

"勿以善小而不为，勿以恶小而为之"，从小我们就将这样至善至纯的教育植入孩子的心田，正如"善良的心地，就是黄金"。因为施比受更有福！这样的小宇才是真正的"学习标兵"！

班级里的悄悄话

黄志有

我记得那是一个下午，第二节课课间时，我正坐在办公室里批改作业，有孩子带着哭腔在门口喊"报告"，我抬头一看，是小涵和她的同桌。我忙招呼他们进来问："发生了什么事？跟老师说说。"小涵边哭边说："我的跳绳不见了，姑姑刚刚给我买的。"我连忙问："什么样的跳绳？什么时候发现不见的？"她的同桌连忙说："小涵那条蓝色的跳绳可漂亮啦！今天上午第四节体育课的时候，我还和小涵一起比赛呢。可是我们从午休房回来，小涵就发现她的跳绳不见了。""你记得把它放在什么地方了吗？是不是带回家了呢？""就放在教室里了，一上完体育课，我就把它放在了抽屉里了，下午上'阳光体育'的时候还要用呢。""那我们先在教室里找找，说不定放错位置了呢。"

于是我来到教室，问孩子们："你们见过小涵那根蓝色的跳绳吗？"有几个女生说见过。"小涵上完'阳光体育'，不记得把跳绳放在哪里了，你们能帮忙找找吗？"孩子们纷纷行动起来，可是找遍了教室的每一个角落，还是没有看到那根跳绳的踪影。于是，我意识到：有人喜欢上了这根跳绳，悄悄地把它"带"走了。那怎么办呢？总不能让这件事不了了之吧。

一时间，我也找不到对策。正当我一筹莫展的时候，我想起李镇西老师的《班主任日记》，其中就提及了做班主任最重要的不是管理，而是走进学生的心灵，用悄悄话的方式可以解决很多问题。我想，是不是可以用悄悄话的形式拉近与孩子的距离呢？如果有孩子把我当成好朋友，也许就有人跟我说实话了。

虽然心里没底，可我还是想试试。于是，我安排好时间，对孩子们说："今天我想和你们做一个悄悄说小秘密的游戏，你们想不想玩？"教室里沸腾了起来，"老师，老师，我想说个小秘密！""我也有小秘密！"孩子们欢呼起来。我让孩子们先安静下来，说："我们的小秘密，可能是一件很有趣的事，也可能是一件自己做错的事，如果我们一直不把它说出来，心里就会很不舒服。孩子们，你们觉得是不是这样呢？""对！""确实是这样的。"孩子们争先恐后地说。"下面就请同学们找自己的好朋友，说出自己的一个小秘密，如果这个秘密是自己做错的一件事。听的同学要为他守住这个秘密，同时提醒他要改正错误。你们能做到吗？"我说。"当然可以！"孩子们纷纷回答。我再次强调："保守秘密，提醒改正。老师也是你们的好朋友哦。悄悄话游戏现在开始！"

话音刚落，孩子们陆陆续续离开了座位，去找自己的好朋友，轻声细语地说出自己的小秘密。有一个孩子请假了，于是我坐在那个座位上。孩子们一个个从我身边走过，等了一会儿，还是没有孩子来跟我讲悄悄话，于是我主动出击。我走到小畅身边，轻声对她说："我跟你说一个小秘密好不好？"小畅点点头。我说："我读小学的时候，撕破了哥哥的书，但是我一直没有告诉他，我到现在还很内疚。"小畅轻声告诉我，要我向哥哥承认错误，然后我回到了座位。这时，性格活泼开朗的小宇来到我的身边，说："老师，我告诉你一个小秘密好吗？"我笑着点点头，他说："刚才，我的同桌小响把我的文具盒碰翻在地上，我很生气，就悄悄地把他的橡皮藏在我书桌最里面的角落里！"我说："谢谢你这么信任我，我会为你守住秘密的。那你知道该怎么做吗？"没想到他回到座位后，马上就把橡皮还给同桌，还对小响鞠了一个躬，说："小响对不起！我不该藏你的橡皮。"我远远地朝他竖起了大拇指。

过了一会儿，又有几个孩子来跟我说了他们的小秘密，但是，没有人告诉我小涵那根蓝色跳绳的去向，不过看着不少孩子如释重负的表情，我的心里还是挺高兴的。

又过了一天，我正准备进教室上课的时候，小涵朝我走来，兴奋地说："老师，我的跳绳找到啦！""在哪里找到的呀？""就在我的抽屉里，压在科学书的下面。"我笑了，牵着她的小手一起走进教室。

是的，班级的悄悄话让我深深地体会到，做班主任最重要的不是管理，而是走进学生的心灵。

成长的足迹

陈小燕

　　有一年，我担任了六年级（5）班"成长在线"的班主任工作，这是六年级唯一一个新插的班级，其中大部分学生来自东莞的各个镇区，有小部分学生来自同年级其他班级，而这部分学生一般是原来班级的"潜能生"。纵观整个班的情况，学生素质参差不齐，行为习惯有很大差别。有压力就有动力，我相信只要脚踏实地，遇到问题多动脑筋，虚心请教，就一定能把工作做好。本着这样的信念，一路走来，我收获的是成功和喜悦，特别是几个"潜能生"，无论是学习上还是思想上都有很大的进步，基本达到预期目标。回想起与孩子们共同度过的每一个日子，我们是幸福的。

一、"天下兴亡，我的责任。"

　　有位教育家在一次演讲中曾提出："'天下兴亡，匹夫有责'等于大家都无责，要把'匹夫有责'改成'我的责任'，如，今天不是轮到你值日，但教室没有打扫，你应该说：'老师，对不起，这是我的责任。'然后马上去打扫。玻璃窗坏了，不是你弄坏的，你看见了，应马上修理好。这才叫教育。教育不是把责任推出去，而是把责任揽过来，也许有人会说这是吃亏，我告诉你，吃亏就是占便宜，这种教育应牢记在心。"我觉得他讲得很有道理。现在有不少孩子就是缺乏责任感，有时自己做的错事不敢承认，更不要说不是自己做的了，久而久之就养成了撒谎、推卸责任的习惯。开学第一天，我就给学生们照读了以上原文，没想到同学们反应很大，从后来的讨论中，我知道他们都很赞成这种观点，并要把它具体地写在"班级公约"里。这样一来，班上的同学们遇到责任问题时，就不会推卸责任，而是把责任揽过来：班上的纸巾没了，有同学主动换上；班上缺少时钟，不知什么时候，有同学就装上了……同学们常挂在嘴边的话就是，"天下兴亡，我的责任！"

二、"老师，我知道怎么做是对的了！"

其实，很多时候学生犯的错误都是一种无知的过错，也许他根本不知道这样做是不对的，也不知道怎样做才是对的，所以受了老师的批评后仍一头雾水。回想起开学第一天的情景：上课铃打响了，我走进教室一看，大家的桌面空荡荡的，都不知道要做好课前准备、把学习用具准备齐全，有几个调皮的孩子还在高谈阔论，好不热闹。我刚想批评他们，但转念一想，开学第一天，我也没教他们啊，他们怎么会知道新学校的规矩呢？正所谓不知者不为过！看来这课是上不成了，那就从立规矩开始新学期的第一课吧。这规矩从哪里来，照搬小学生守则，还是学校的规章制度？经过同学们的讨论，大家都觉得不切合本班的实际，这些只能作为一个参考，必须建立一套适合自己的班级制度。经过同学们的讨论，我们定出了六年级（5）班的"班级公约"，其中包括课前准备、上课、作业、就寝、就餐、路队、礼仪等行为细则，并根据班级的发展及时地修改和补充，同时选举了凯锋为班级"小法官"，负责管理班级的公约。大家有一个共同遵守的法则以后，既约束了个别有不良行为的同学，又保护了绝大多数同学的利益，然后班集体就会朝着良性方向发展，达到真正的"自主和谐"。一个学期下来，"班级公约"发挥了非常重要的作用，同学们"有法可依"了，遇到违纪行为，一看"班级公约"，就知道自己错在哪里了，具体的处理措施也写得清清楚楚、明明白白。难怪小迪在经受多次教训以后感慨地说："老师，我终于知道怎么做是对的了！"

三、"我又拿周冠军了！"

小学生意志力比较薄弱，持久性较差，面对诱惑，有时会失去控制，因此良好的习惯很难保持下去，但他们又很希望得到别人的表扬与鼓励，特别是来自老师的表扬与鼓励。所以，在班级中建立一套持之以恒的奖惩制度很重要。在开学初，我就给班上的每个同学设立了一本"成长记录本"，里面记录了学生每天的优秀表现（即加分记录）和存在问题（即扣分记录）、学生的心情日记、教师寄语和家长寄语（每周一次的家庭周末表现），真实地记录了学生的成长过程，加强了家长、教师、学生的联系和沟通。加分和扣分规则在班级公约里都有明确的规定，比如：作业书写认真一次加5分，上课回答问题一次加5分，乱扔垃圾扣5分，上课迟到扣5分，等等。根据积分的多少评出周冠军和月冠军，张贴在展示栏里，每周接送孩子时，家长们都要进来看一看自己孩子的积分情况。当积分达到一定的数量时，还可以用来换取奖品，同学们可开心了！有学生走到我面前自豪地说："老师，我又拿周冠军了！"

四、"老师，对不起，这件事是我做的。"

作为教师，我们必须时刻保持一颗宽容的、赏识孩子的爱心。教育的复杂性表现在教育不是万能的，教育的关键是要培养孩子具备终身受用的自我教育能力。小迪是这个学期从其他班转来的学生。他很聪明，但学习基础差，又不太用功，有时喜欢耍点"小聪明"，又很爱面子。转到班上后，在我与他的第一次谈话中，我说："你以前有什么不良表现我不想知道，也不会去打听，你来说说你有哪些优点吧！"看他的表情，我知道他有点儿意外，但很快他便自豪地告诉我："我是学校田径队的队长，同学有困难，我会主动去帮助他……"我接着说："好，让我们都记住你的好，希望你向我们呈现一个全新的小迪。"刚开始一段时间，他确实表现很好，但不久问题就来了。有一天早上，我发现张贴在班级公告栏上的课程表被人画了几条深深的印痕，一看就是有人故意破坏。我仔细地询问了值日班长，应该可以排除其他班同学进来破坏的可能，因为头天晚上值日班长锁门时没有发现被破坏的痕迹。那就有可能是当天早上被破坏的，但当天早上第一个到教室的同学是值日班长，随后大家一起进的教室。是值日班长？不可能。那会是谁呢？会不会是他（小迪）？我马上找他谈话，直截了当地问他："这件事是不是你做的？"他一听有点儿急了："老师，你怀疑是我做的吗？我没有！"我心平气和地说："班上每个同学都有做这件事的可能，只是我先问你，你只要实话实说就是了。"他说："我没有！"我说："好，我相信你，但我们都有责任，因为我们没有看管好班上的东西，我们都要检讨自己。"而后我在班上召开了一个小小的讨论会。我说："你们对这种行为有什么看法？"同学们都纷纷发表了自己的看法，如"这种行为很可恶，好端端的课程表为什么要去破坏它呢？这种人太缺德了……"其中包括小迪也在声讨这种行为。而后我又问："我们大家有没有责任？"同学们都说："有，我们没有看管好班上的公物。"我说："是啊，我们都有责任，因为我们没有守护好属于我们大家的东西。破坏了一张纸，老师可以再去打印一张，但如果犯了错误不敢承认，纵容了自己，不知悔改，那就是大事了。如果这个同学勇敢地承认错误，相信老师和同学们都会原谅他的。"第二天早上，我的办公桌上出现了小迪的成长日记，其中有一段话是这样写的："亲爱的陈老师，我无地自容地告诉你，画课程表这件事是我干的，我知道这很不应该。星期三那天早上，我因为贪玩，用手指甲在课程表上画了几条深深的印痕。我知道你很生气，但我敢于承认错误，是因为我听到老师和同学们说会原谅这个犯错误的人。老师，你能原谅我吗？同学们，你们能原谅我吗？我实在对不起大家，我保证绝不会再有这样的事情发生。"上面还有班长俊伟同学的批语："随意地破坏班上的公物是极不应该的，谁也没有权利去破坏我们大家的东西！但你能勇于承认错误，这样的精神很好！我相信你能得到大家的谅解，希望你牢记这次教训。"我想如果我当初对他采取一阵严厉的批评，结果可能会大不一样，那样不仅伤害师生感情，也达不到教育的效果。可见，班主任时刻保持一颗宽容的、赏识孩子的爱心，对班级管理尤为重要。

"成长在线"的这些小故事犹如一颗颗五彩斑斓的宝石，铭记着我与孩子们成长的足迹，并成为我们记忆深处最美好的回忆。

孩子做事慢，谁之过

邹祝玉

班主任是学校里全面负责班级工作的教师，在教书的同时，还肩负着育人的重任。与一般的科任老师不同，班主任在育人方面起着更为重要的作用。

记得刚开学时，所有的领导、教师都惊讶于这届一年级的孩子，一切都显得那么安静、有序。其实，我们发现这些孩子的学习、表达、交往、做事等能力还是参差不齐的。我所教班上的小雅，做事情就很慢。张老师说吃饭最慢的是她，中午起床最后出来排队的是她，放学排队最慢的是她，写作业最慢的也是她，打扫卫生最慢的还是她。也许会有人因为她这种散漫行为拖累班集体、耽误大家的时间而责怪她。有教育家说："没有教不好的学生，只有不会教的老师。"于是我开始反思我的教育，孩子做事慢，谁之过？这不是孩子的错，而是大人没有教好。身边的人天天嚷嚷着催她不是个办法，孩子在教师、家长和同学催促的话语中听出了厌烦，这样孩子的情绪会低落，做事情的积极性也会降低，这对提高她做事的效率是没有任何帮助的。于是，我尝试在她身上做出一些改变。

首先，多观察，找方法。发现问题就想办法，并试着去帮助她解决问题。关于吃饭慢，别的孩子吃饭一般花20分钟，她至少要40分钟。我发现她一直在吃，只是每次舀一点点饭，咀嚼的速度也慢。我走到她身边，让她观察小瑜吃饭，是怎么做到吃得又快又多的。她很快就告诉我："小瑜在大口大口地吃，不讲话，也不东张西望，更不会挑菜。"我表扬她："你真会观察，我相信你也可以像他那样吃饭的。"她真的大口大口地吃起来，也不挑菜了。吃完了饭，我开心地对她说："你今天比昨天吃饭快了 5 分钟，你很棒哦！"后来，我要张老师每天测试她吃饭的时间，并且对小雅说："你今天吃饭比昨天又快了些，有进步。"慢慢地，她已经能跟上大家吃饭的速度了，不用全班同学等她了。

其次，勤动手，多示范。当发现孩子遇到不会做或做不好的事情时，我就多示范，手把手地教会孩子做事的方法。我发现，每次轮到小雅值日——也就是整理书柜的时候，她总是做得很慢。第一次，我发现她把书全部放在地上，再一本一本地放进书柜，花 30 分钟还没有整理好。于是我把她叫过来，要她看我是怎样整理书柜的。我告诉她先把书简单地分类放整齐，然后再把大小不一的书在柜子中做一些调整。第二天，我又让她整理书柜，发现她能按照我教她的方法来整理书柜了，速度快了一倍。我颁发了一张雅正卡给她，夸她是个整理能手。她特别开心，后来整理书柜越来越快，越来越好了。

再次，勤沟通，多合作。这个沟通，主要指的是与家长的沟通；这个合作，主要指的是与家长共同教育孩子。教育不是单方面的，而是由家庭、学校、社会三方组成的。在这中间，家庭教育起着极为关键的作用。如果教师能充分调动家庭的教育力量，将对学校教育起到事半功倍的作用。小雅写作业慢，跟不上老师的节奏，写生字的时候，其他孩子写 3 行生字花 15 分钟左右，可她要花 40 分钟。但是她一直在写，也没有说话、玩耍。我发现她写一个字停一会儿，就这样拖拖拉拉的。于是我提醒小雅："你的字写得很漂亮，老师很喜欢看，可是我想快点儿看到你的作业，想把你的作业第一个展示给同学们，怎么办呢？"她不好意思地笑了笑，说："那我写快一点儿。"她真的在改变，慢慢地，写字速度加快了。同时，我对她的家长说："在家里，要对孩子多鼓励、多记录，让孩子看到自己的进步，然后把记录发给我看，我会在班上让全班同学见证她的进步。"家长也积极配合我这样做，同学看到她的进步，给了她很大的力量。就这样她的自信心增强了，每天上学更开心了。

最后，持之以恒地做。我们所有的措施要贯穿始终，不能松懈，这样小雅才会一点儿一点儿提高她的做事效率。之前，每当我向家长反应小雅的问题时，问题的中心点就是"慢"，家长经常会说："实在是没有办法。""我拿她没辙。"……听到这些话，我先告诉家长："你不能着急，我们可以帮助孩子解决这个问题的。我一定会坚持不懈地帮助她。"家长连声说："谢谢老师的帮助，我们全力以赴地配合老师的工作。"其实，这话说起来容易，做起来很难。我想孩子做事情慢并不是她的过错，而是我们没有帮助她找到适合的改善方法。于是，我开始走在一条光明大道上——学习，比如请教身边的教师、教育专家和阅读相关的书籍，以此来为她寻求解决的方法。

经过 3 年的努力，那个做事慢、胆子小、不自信的小雅，现在出现在科学秀节目和诵读节表演的舞台上，能从容地向校外嘉宾介绍科学创客室的实验，也能在期末考试中漂亮地完成答卷，并能获得"学习标兵"的称号。

虽然做事情慢、拖拉是一种不好的习惯，但这并不是孩子的过错。记得有句话是这样说的："行为养成习惯，习惯形成性格，性格决定命运。"可见好习惯对一个人一生的重要性。作为教师，我们一定要更用心地教育学生，当学生习惯不好时，不要一味地责怪他们，应该反思一下自己，想想自己还可以做些什么来帮助孩子。只要我们用心去探讨、实践，就一定能发现更多的好办法，并让孩子在好习惯中受益。我们要相信这样一句话"办法总比困难多"。孩子的情况再糟糕，也是有机会转变的。只要我们对待教育有信心，教育就一定能如我们所愿，朝着我们期待的方向发展。

孩子，别做沉默的丑小鸭

李泳仪

2016 年 9 月，我担任一年级的班主任。在活蹦乱跳的孩子们当中，我发现了她。

她就那么安静地坐在课室的角落里，与身旁的热闹显得格格不入。她头发乱糟糟的，衣服脏兮兮的，就像一只丑小鸭……我轻轻走到她身边，摸着她的头问："你叫什么名字？"她愣住了，似乎没有想到会有人注意她，但同时她的脸上闪过一丝惊喜。她慢慢抬起头，然后使劲扯着嗓子，脖子上青筋突起，努力地用我几乎听不到的声音告诉我——小文。看到她这样，我倒吸了一口凉气，这孩子究竟是在怎样的环境下成长的？或者她究竟经历过什么？

通过接触，我慢慢发现她内心是很自卑的。正因为自卑的心理，她对于自己的学习没有半点儿信心，在班上也总是低着头，课堂回答问题时，声音小得像蚊子，学习也因自卑而没有起色。

我随后联系了她的妈妈。她妈妈告诉我，她很小的时候，父母因忙着工作，很少关注她的学习与生活，她一直是由奶奶照顾的。家里的长辈和哥哥、姐姐学习都非常好，不是在名校读书，就是在班里名列前茅。而小文的学习总是跟不上，她自己也感觉很吃力。每每看到学习吃力的小文，奶奶就会埋怨她："家里怎么出了你这么个笨蛋？"她爸爸是个"孝子"，听到奶奶这么说自己的孩子，也跟着嫌弃小文，认为她作业不会做肯定是在学校没有认真听讲。面对长辈的轮番批评，可想而知小文心里承受的压力该有多大。原来，她的自卑与沉默源自家庭。

听到这里，想到平常小文在学校的行为，我心里不禁感叹：她是多么渴望在亲人面前得到一丝关怀啊！

儿童心理学家认为，如果老师或父母不断重复说一个孩子愚蠢，渐渐地，孩子就会相信，他会认为自己的确是愚蠢的，然后就会放弃智力上的努力，认为避免愚蠢的方法就在于避开比赛和竞争。

我无法想象，照这样下去将会对小文的心理及日后的成长产生怎样的影响？对此，我与小文的妈妈进行多次沟通，希望她能从忙碌的工作中多抽出时间陪伴小文，因为这能对小文的心理成长和生理成长起到关键性的作用。母爱是不能被代替的，特别是对于缺乏安全感和自信心的小文，更需要一个关爱她的人陪伴她成长。

同时，在学校，我时刻关注着小文的变化。每次只要她有一丁点儿的进步，我都会大力表扬与鼓励她，希望她能从中感受到老师对她的关爱。而且我会以朋友的身份多找她聊天，以同理心体会她的心情，她也会主动告诉我一些"小秘密"。慢慢地，我们成了好朋友。

孩子在困惑、困难、无助的时候最需要爱，这时教师的关心能起到事半功倍的效果。一天下午，我把她留下来，想像朋友一样跟她聊天。我跟她说："老师有个小秘密想跟你分享。"她当即很开心，也告诉我她的小秘密。我很欣慰她愿意把心里的想法告诉我。聊着聊着，我故意问她："刚学的《山行》，你会背吗？""我会。远上寒山石径斜……"虽然一开始她还是要靠扯着嗓子发声，即便她背得断断续续，但我马上表扬了她上课专心。那天，她由一开始的沉默不语到最后叽叽喳喳说个不停，还不时发出舒心爽朗的笑声。我的心里也乐开了花，看来我的第一招"心灵交流，取得信任"是有用的。

小文是幸运的，她并不是一个人，她有爱她的妈妈和老师，我们共同努力着，让这只一直生活在群体边缘的"丑小鸭"能感受到新的班集体、新的大家庭的温馨，让她在大集体里有归属感。我给小文买了漂亮的蝴蝶结橡皮筋，并专门给她调整了座位，动员品学兼优的小翼做她的同桌。课下，我经常和科任教师沟通，一起努力发现小文身上的闪光点，并毫不吝啬地对她进行表扬和鼓励，慢慢地让她融入同学们的圈子里。

课堂上，我总是想方设法给小文提供一些"展示自我、表达内心"的机会。有一天，我专门安排她当小老师，带领同学们读生字、词。我突然发现，她的声音是那么响亮，她的普通话是那么标准！我热情洋溢地表扬了她，全班同学也主动给她送上了响亮的掌声！我留意到，小文的笑容是那么甜美！

"……它把头低低地垂到水上，只等待着死。但是它在这清澈的水上看到了什么呢？它看到了自己的倒影。但那不再是一只粗笨的、深灰色的、又丑又令人讨厌的鸭子，却是——一只天鹅！对于它过去所受的不幸和苦恼，它现在感到非常高兴。它现在清楚地认识到幸福和美正在向它招手。许多大天鹅在它周围游泳，用嘴来亲吻它。"[1]

童话故事中丑小鸭的结局是幸福的，现实中的小文也是幸福的。慢慢地，我发现小文说话再也不用靠扯着嗓子发出声音，她平淡、茫然的脸上也洋溢出点点生机。在一些"文雅气质"课堂展示上，在小组成员的带领下，小文这只"丑小鸭"实现了自己的美丽蜕变！

每个生命来到这世界上，在他们的心中都有一块空白的土地。很多

---

① 选自安徒生童话《丑小鸭》片段。

父母细心地给他浇水、施肥，唯独忘了播下种子，于是他们就带着这块空白的沃土来到学校，老师把大量的爱的金种子撒向他们的心田。小文既是不幸的，又是幸运的。小时候，她缺少父母的疼爱，就像一只受伤的丑小鸭，四处流浪、无依无靠。但幸运的是，她遇到了友善的同学和爱护她的老师，大家在小文的心中播撒了团结友爱、热爱生活和希望的种子！

两年多的岁月，在绘声绘色的讲课声中，在埋头批改作业的笔尖下，在上课铃与下课铃的交替声中悄悄溜走。小文以后会遇到新的老师、新的同学，但我相信，我们会一直存在于彼此的心中，直到永远。

破译"外号大王"的交友密码

黄文意

"老师，他又叫错我名字啦！我明明跟他说了我叫刘小俊，他非要叫我赵小俊。"眼前这个一年级的小萌娃怒气冲冲地跑到我这里"告状"，只因班上的曾小杰又叫错他的名字了。

"是的，是的，他刚刚也叫错我名字了，他叫我周臭臭（周楚楚）。"旁边的小女孩也附和道。

孩子们进入一年级才几个星期，个别同学的名字不知道也正常，我摸摸那孩子的头，安慰道："也许他记性不太好，记错了，下次他再叫错你们的名字，你们就向他自我介绍一遍：你好，我的名字是×××，请你正确地叫我的名字。"

孩子们从老师这里得到解决办法后满意地离开了，仿佛一下子就原谅了刚刚同学的冒失行为。瞧，多么可爱的孩子们！

可之后的几天，我仍旧陆续接到类似的"投诉"——"老师，曾小杰又喊错我名字啦！""老师，曾小杰给我取外号！"同学们私底下叫他"取外号大王"，因为他总故意叫错别人名字，或者给别的同学取谐音外号。

一、切身观察，了解真相

得知情况后，我特地观察曾小杰在课间的活动，果然看到曾小杰起身走到女孩身边，大声地在她耳旁喊："周臭臭！"并且脸上露出开心的笑容。

女孩立马大声喊道："老师，你看，曾小杰又叫我'周臭臭'了，我明明和他说了我叫周楚楚。"

小女孩说着说着就委屈地哭了起来。

我走过去摸摸她的头，轻声安慰道："楚楚不哭，老师知道了，我来解决。"

我把曾小杰叫了过来，问："小杰，是这样的吗？"

小杰一副不知所措的模样，回答道："我没有啊。"

同学们都围了过来，旁边的同学马上作证："老师，我听到了，他刚刚就是叫的周臭臭！"

这下，曾小杰低下了头，没再反驳了。我再次确认："是这样的吗？"

曾小杰没有讲话。

我问他："你知道她叫什么名字吗？"我指着身旁哭泣的小女孩问道。

"她叫周楚楚。"

小杰同学正确地回答了出来。

我生气地问道："既然你知道她的名字，那你为什么要叫人家'周臭臭'呢？"

曾小杰低头不语。

二、对症下药，召开微班会

上课啦！

我让所有同学都坐回位子上，利用课前的时间针对这个事件开一个微班会。

我用粉笔在黑板上写下几个大字：我的名字。

首先，我请周楚楚站起来告诉同学们刚刚课间她为什么哭了。

周楚楚一五一十地描述了课间的情况，说完，又是一副想哭的模样。

我看了一眼曾小杰，对班上的同学说道："这段时间，老师经常接到同学们的'投诉'，说曾小杰老是叫错大家的名字，有这样的情况吗？被叫错过的同学请举手。"

"刷刷刷"，小手举起来一片，班上几乎一半的同学都举手了。我观察了一下，以曾小杰座位周围的同学居多。

我又看了看曾小杰，然后问道："现在，我想请同学们来说说，当你被人叫错名字时，你是什么感受？"

"第一次叫错没有关系，我会原谅他，并且我会告诉他我正确的名字。"

"我会有点儿生气，因为他没有记住我的名字。"

"我会很生气，因为他叫了几遍还是错的，我觉得他是故意的。"

这时，我让周楚楚来回答，她还未从伤心的情绪中走出来，带着哭腔说道："曾小杰叫错我的名字我很难过，因为他不止叫错，还给我取外号了，我很讨厌这样。"

我看了看曾小杰，问道："现在，你知道被你叫错名字的同学心里是什么感受了吗？"

曾小杰点点头，说道："知道，他们都很生气，并且也很难过。"

接着，我跟孩子们讲道，每一个人的名字都是有寓意的，它蕴含了父母对孩子美好的寄托。

这时，有同学举手说："老师，我知道我名字的寓意，我父母和我说过。我叫宇哲，他们希望我成为聪明、有才能的人。"

同学们都纷纷举手想分享自己名字的寓意，看来不少的父母都和孩子讲过他们名字的由来。

这时，我转头问曾小杰："你知道你名字的由来吗？"

曾小杰摇摇头。我鼓励他今晚可以回家问问爸爸妈妈。

我接着总结道："每一个人的名字，既是他身份的代号，也寄予着长辈美好的祝福，希望同学们都能认真对待并尊重别人的姓名。"

最后，我以一个小游戏结束了今天的教育微班会。我让曾小杰快速地说出老师指向的同学的名字，考考他是否记得同学们的姓名。果不其然，他能正确地叫出大部分同学的名字，只有个别同学的名字他确实叫不出来。（经过检测，验证了他是故意叫错某些同学的名字来引起别人的注意的。）

取外号事件的背后，暴露的是曾小杰对交友的渴望。下课后他想和同学们一起玩耍，却不知道如何沟通，于是采取了这种故意叫错名字，或者给同学取外号的方式来引起同学们的注意，这背后其实是孩子的一种交友求助信息。

三、家校联合，共同关注

事后，我及时和曾小杰的父母取得联系，告诉他们孩子的情况。听到孩子在班上给同学取外号，家长反映他们平时把重点放在了关心孩子是否能适应一年级的学习上，确实对孩子在校的人际交往情况关心较少。

针对这件事，我向曾小杰的父母提出建议：

第一，关注孩子在小区和同龄孩子的交往情况，可以到有孩子的邻居、朋友家串门，让孩子之间多联系、多交流。告诉孩子如果想认识新朋友，想和对方玩，可以大方地进行自我介绍，并询问对方的姓名。

第二，放学后及时询问孩子在校情况，如"你在学校的好朋友是谁？""你们下课后都会做什么？"通过孩子的反馈及时地引导孩子的交友情况。

小杰的父母听完我的建议后，非常愿意配合落实，他们每天关注孩子的交友情况，放学后及时询问，并在周末约同小区的同学一起外出郊游，增加孩子的交友机会。

四、大力表扬，巩固效果

一天早上，曾小杰一到班里就和我说："老师，欧小宇早上在校车上好像被其他同学欺负了，你去问问他吧。"

我早上忙着检查孩子们的体温及水痘情况，听曾小杰这样说，我忙应和下来："好的，老师晚点儿问问他。"

早读下课后，曾小杰又跑过来提醒我："老师，你找欧小宇了吗？你要记得问他。"

被他一提醒，我才忽然想起来还有这事没处理。于是，我赶紧找来欧小宇问他是否有这么一回事，只见欧小宇懵头懵脑地说："没有啊。"

　　我让欧小宇再仔细想想，他说："哦，我坐校车的时候不小心踩到别人脚了，被人打了一下。"解决了欧小宇的问题，我跟他说道："你要谢谢曾小杰，他非常关心你，一来就告诉老师你的情况了，所以老师才能帮助你。"

　　小宇同学非常有礼貌地跟曾小杰道谢。站在旁边的曾小杰听到后开心极了，脸上堆满了笑，如花一般。

　　上课前，我把这件事和全班的同学分享了，大力表扬了曾小杰关心同学的行为："多么了不起的孩子！发现同校车的同学被别班孩子欺负了，一到学校就把情况及时告诉了老师，这么关心自己班的同学，是我们的好榜样。"

　　同学们听后也为曾小杰鼓掌。曾小杰再次开心地笑了。

　　有了老师的大力表扬，孩子们觉得曾小杰是个了不起的同学，下课会找他一起玩。自此之后，我再也没有听到有同学"投诉"曾小杰故意叫错他人名字了。因为他的"交友密码"已经被破解了，他再也不需要通过叫错别人名字或者取外号的方式引起别人的注意了。

　　在一次美术课前，曾小杰翻着美术袋苦恼不已，一副马上就要哭出来的模样。我忙问他怎么回事，他说他的美术纸用完了，担心一会儿上课没有纸用。

　　我和他说："你要学会检查自己的学习用具，用完了要及时让父母帮忙添置。现在你可以向你的好朋友借一张，你会找谁呢？"

　　曾小杰立马说出了欧小宇的名字。不一会儿，曾小杰手上拿着一张雪白的美术纸，开心地回来了。

　　我说："真了不起，你看，不用哭也能很好地解决问题了，你向小宇说谢谢了吗？"

　　"我说了，而且我答应他明天还一张给他。"曾小杰回答道。

旁边的欧小宇说："我也只剩最后一张了，明天我也得准备新本子了。"

我摸摸欧小宇的头："你能把自己的学习用具借给同学，乐于助人，真是个好孩子。"

成长不烦恼，交友有妙招。孩子们的世界简单而美好，对于有的孩子来说，交到一个新朋友只需像歌谣唱的那般"敬个礼，握握手"。而对于有的孩子来说，加入"热闹的世界"并不容易，需要我们破译他们另类的"交友密码"，及时发现他们的求助信号。

撕书事件

刘瑞勤

　　我一直在做一年级、二年级、三年级的班主任，循环往复。每次接一年级新班，我习惯于针对不同的学习习惯、行为规范，给孩子们讲不同的绘本，让孩子们从故事中懂得不同的习惯带来的不同结果，在潜移默化中影响、修正自己的言行。

　　《不是我的错》这本绘本，讲述了一个孩子被班上很多孩子欺负了，但参与的每个人都觉得自己没有错的故事。作者以绘本的方式教育孩子要有社会责任感。我曾经利用半节课把这一故事讲给孩子们听，并跟孩子们讨论遇到这种事该如何做。孩子们表示，当遇到这种事情时要告诉老师、要及时制止、要主动安慰正在哭的孩子。回答得很好！

　　有一次，我跟班上的学生分享我在超市见到的一幕：一个男孩把黄豆、绿豆各抓了一把放到大米里，店员看到了说："我天天分拣这些东西，你都这么大了还这样？自己把它们拣出来放回去！"男孩低头沉默了一下，然后开始挑拣。这时，男孩身后正在选菜的妈妈走过来，对男孩说："以后不能这样了。"说着，妈妈拉着男孩的手就走，男孩有点儿犹豫，但最终放下手里刚挑出的几颗豆子准备离开。店员说："他都这么大了，自己扔进去的要让他自己拣出来。"妈妈"嗖"地扭过粗壮的身子，糙眉倒竖，虎目圆睁，声音也提高了八度："你别看他这么

109

高，他才 7 岁，他还是小孩子。我都说了以后不能这样了，你还想怎样……"店员一看这架势，估量自己可能遇到了个惹不起的主，于是低了头，转过身一边嘀咕着一边打秤去了。妈妈大获全胜，像凯旋的大将军，昂首挺胸地牵着男孩的手走了。

讲完，我问班上的孩子们："你怎么看这件事？"孩子们一只只小手举起来。

年年说："老师，我觉得他妈妈做得不对，男孩虽然是个孩子，但是他应该自己挑出来，毕竟是他自己丢的。"

源源说："男孩子自己做错了事情，应该自己承担责任。"

…………

我真为这群懂善恶、明是非的孩子感到高兴。

还有一次，我带孩子们到办公室兑换礼物，看着他们欢天喜地地回到教室，我也跟着回到教室，唯恐他们下课追跑碰撞。当我走到欢欢的座位时，发现地上有语文书的碎片，桌上也散落着撕下的书页。我问："这书是你撕的吗？"欢欢摇摇头说："不是。"

"那你看到了是谁撕的吗？"

"是小小。"

"不是我撕的。"小小大声分辩。

很快，拉着一根藤，扯出一串瓜：B 让 C 撕 A 的书，C 撕了；D 看到，也撕了；E 看到书，告诉了 F，并和 F 一起撕，后来 B、G 也加入撕书的行列。

我很难过，有时候教师的口头说教显得那样苍白无力。明白道理是一回事，做起事来又是另一回事。

我让所有人回到自己的座位上坐正，讲了整件事情的经过，并告诉大家："你们在座的每一个人在老师心中都是平等的，我爱你们每一个人，不会因为你学习好就多爱一点儿，也不会因为你弱就少爱一点儿，老师决不允许任何一个人受到欺负。如果有，请第一时间告诉老师。学习优秀和善良相比，善良一定是排在第一位的，我希望每一个人都做善良的孩子。"

我听取了同学们的意见，也征得了这几个孩子的同意，给出了解决办法：让这几个参与撕书的孩子逐个向 A 道歉；C 作为撕得最多的一个，负责买一本新语文书给 A，在新书未到前，C 的语文书暂时和 A 的烂书交换使用；其余参与者每人买一本课外书送给 A 作为赔偿。

我要求孩子们放学回家把整件事情的经过主动告诉自己的家长。结果，当天晚上 C、D 的家长就打电话给我，诚恳地表示孩子做得不对，并请我向 A 的家长转告歉意；第二天，C、D 带来了新书并向 A 当面道歉。而其余几个孩子没有告诉家长，当然也没有任何表示，直到我发信息告知家长此事后，家长才回复"收到，我问一下"，之后便没有了下文。

其实每个人（包括孩子）都是独立、自由、平等的个体，家长和教师都有责任教孩子学会独立判断、独立选择、独立承担。

淘气大王变形记

王小琳

假期之后，我和以往一样，早早地来到教室，扫视了几个月不见的孩子们。最后，目光停在小宇身上，他正专心致志地看书。多好的孩子啊！

说起小宇，以前，上课数他最捣蛋，不是大喊大叫，就是东蹿西跳，或是挑衅闹事，完全没有把课堂当回事，也没有把学校当回事。老师们拿他没办法，班干部也对他无可奈何。

记得有一次，我刚进教室，教室里忽然像炸开了锅，一双双小手都举了起来，这个说小宇刚才打人，那个说小宇拿他的东西。小宇一副满不在乎的样子，在教室里大摇大摆地走着，完全没有把我的存在当一回事。看来不"治治"他，这课没法儿上了！

虽然生气，但多年的班主任工作经验告诉我：要沉得住气。这时，我用严肃的目光扫视台下的每一个座位，同学们知道这是我做"重要讲话"前的习惯。然后，我把目光停留在小宇身上，教室里顿时鸦雀无声。我先让大家说说老师最讨厌什么？孩子们可机灵了，尽说小宇的种种不是。这下可把小宇惹火了，只见他手握拳头，瞪大双眼，冲着说他不是的同学叫嚷着。"来，接着说，没关系。"我提高嗓门说道，并仔细打量着小宇。只见他涨红了脸，放松拳头，眼光不时地扫视大家。显然，他有些慌张。"好，老师知道，同学们和老师一样讨厌的是小宇身上的缺点，对不对？""对。"大家异口同声地回答。"好，说了这么多，我想小宇肯定也知道自己身上的缺点了。其实，过去他也是好学生，对学习充满了兴趣，还助人为乐，热爱劳动。记得有位同学在作文中还夸奖过他。可现在他已误入迷途，作为他的同学，我们应该伸出温暖的手拉他一把，决不让他掉队。"在附和及肯定的话语中，我偷偷地看到小宇眼睛里流露出一种诧异和不安的神色。最后，我提议每人给小宇写一张小纸条，内容要情真意切，要动之以情、晓之以理。听说要给自己的同学写纸条，同学们都感到十分新鲜，他们沉思片刻，便埋头奋笔疾书。那天，小宇收到整整38张小纸条，那是38颗火热的心！第二天早上，我在办公桌上意外发现了一张检讨书，是小宇写的。他在检讨书上说："老师，我错了，今后我……"看完检讨书，我疾步来到教室，偷偷地"窥视"这个孩子，只见他把头压得低低的，眼睛红红的。我敢肯定，昨天晚上他哭了。

在这以后，我把他调到第一桌，上课时多给他发言的机会，并不断鼓励他，以增强他的自信心。下课后，我经常对他嘘寒问暖，给他讲做人的道理。一发现有不好的苗头，马上给予引导。渐渐地，我欣喜地发现他进步了，他不仅是个尊师守纪、友爱同学的暖少年，还是个爱看书、爱学习的好孩子。

每每想起这事，兴奋与思考总在我心中萦绕，挥之不去。在现实生活中，特别是在农村学校里，像小宇这样特殊的孩子，更是屡见不鲜。作为教师，我们不能歧视他们、冷落他们、疏远他们，而要善待他们，把师爱给予他们。

班主任应当努力构建一种平等、自由、宽松的班集体，让孩子们理解集体生活必须有基本规范，个人必须遵守、服从集体基本规范。

我不再是新同学啦

林雪雪

2019 年 8 月，"芳草地"迎来了一位新同学——小凡。在与他相处一两周后，我发现他对原来班级的老师和同学有很强的依恋感，对新环境有一定的抵触情绪。他不会跳绳，也写不好字，"不自信"很明显地写在他的脸上。但是经过一个学期的新集体生活，他不仅交了很多朋友，还能自信地承担学校的红领巾监督岗位工作。那么，是什么力量让小凡有如此大的转变呢？是来自同学们热情帮助的力量，是来自老师们的信任与关注的力量，是来自班集体荣誉的力量。

首先，同学们的热情帮助是他成长的助推器。一开学我就发动班级同学对小凡主动示好。虽然学生们对于新来的同学抱着好奇心，但是鉴于他们本身在班里已经有熟悉的朋友，要让他们和小凡交上朋友需要一些时间。而我最希望的是小凡尽快适应新环境，在新的班集体尽快找到新朋友，感受来自集体的温暖。于是，我们开展了"让新同学认识我"的主题体验活动。我的要求是让新同学在最短的时间内认识自己，一周后让新同学很快叫出自己的名字。那该用什么办法让新同学又快又准确地认识自己呢？同学们各抒己见，我们班个子最高的女孩子站起来说："我们可以尝试一些方法，不仅可以让他记住我们，还可以对他有帮助。"接着又有同学说："我可以每天教他整理抽屉，在整理抽屉的时候告诉他我的名字，这样一周之后他应该可以记住我的。"接着还有同学说："我可以教他怎么收拾书包、怎么排队取餐，还可以教他学校的规章制度，甚至可以教他怎么背诵《含英咀华》，这样他应该可以记住我。"更有趣的是，我们班龙颜同学说："我叫龙颜，我每天给他吃一颗龙眼，他一定可以记住我。"小陈说："我每天给他讲一个故事，逗他哈哈大笑，他一定可以记住我。"这些方法确实不错，不仅可以让小凡快速记住同学们，交到新朋友，还能让同学们帮到他，最重要的是他在这个集体中感受到了爱、温暖与快乐。于是，我们建立了几个帮扶小组，有教他整理抽屉、摆放物品、在饭堂如何排队取餐的小组，也有教他踢毽球、跳绳的小组。小凡本是个自律、对同学友好的好孩子，所以不到半个月时间他就学会了各种物品摆放，就餐、就寝的纪律很好，跟同学的关系也很好，同学们也非常喜欢他。

其次，老师的信任与关注是小凡同学成长的原动力。我创造机会让他为班级服务，承担班级事务。我特地安排他当小组长，我的初衷是让他在收发本子的过程中记住同学的名字，但是在这个过程中我看到的是一个认真负责的小男生，每次收发完作业，我都大力表扬他，让其他班干部向他学习。同时我也给他安排了红领巾监督岗位的工作，每个周三的早晨，都能看到他戴着红袖章自信地站在校门口，笑容满面地迎接进校的同学和老师们。在这个过程中，他感受到了在集体中被需要的成就感。

记得开学的第二天，我让家长把他的转学证明送来，来校的是奶奶，奶奶虽然年纪大，但是精气神十足，听说每天都是她开车接送孩子上学的。然而，从老人家的眉宇之间不难看出有一份焦虑与担忧。我就跟奶奶聊了孩子这两天在学校的表现，奶奶表示很满意，也很感激"芳草地"的同学们对小凡的帮助。同时奶奶又说，这个孩子比较特殊，他出生4个月爸爸就去世了，妈妈也丢下他不管，他是由爷爷、奶奶和姑姑带大的。听到这里我心里不由得一抽，多么不容易的奶奶，多么不容易的孩子呀！接下来我更加关注这个孩子的心理状况。我做的第一件事就是改变在班级微信群里对家长的称呼，平时我在群里称呼家长都是"××爸爸""××妈妈"，从那以后，我在群里就直接称呼"××家长"了。记得那次我跟他奶奶说，小凡可能性格偏内向，上课不怎么会表现自己。他奶奶就说她对他的要求比较严，如果他犯错，会严厉地批评他。我之前就猜测可能是这个原因，于是我就跟奶奶说："我能理解您的急切心情，但太严厉对孩子来说是种压力，他犯错不敢说，就会变得越来越不自信，不敢表现自我。"奶奶皱起眉头似懂非懂地点点头。看着老人家那双充满疲惫和无奈，又透着期望的眼睛，不禁让人备感心疼。此后，在学校我会尽量找到孩子的闪光点来鼓励他，以增强他的自信心。

记得一次写秋天美景的作文，他连续用了几次拟人的手法来写秋天的景色，读起来特别美，我就鼓励他大声把作文读给大家听。那次我能明显看到他脸上灿烂的笑容，那种成功的喜悦可能只有他自己才能感受到。有时候我也会找机会让他来办公室帮我拿点儿东西，他特别兴奋，我甚至还能看到他那副神气的样子。这段时间我们看到他脸上的笑容越来越多了，课上也能更自信地表现自我，心里真替他高兴。在一次道法课上，我让孩子们写写"你眼中的小凡"，从字里行间可以看出，我们班的孩子都很喜欢他，他已经完全融入班集体了。他的家长看到这些文字也感动极了，发信息表示对我及班上同学的感激之情。

最后，来自集体的荣誉力量是他成长的内驱力。记得开学典礼那天，我特地让小凡同学代表班级上台领取我们班"优秀班集体"的奖状，让他感受班级荣誉，也能让他在班集体中更努力向上。那天他的家长给我发了一则语音信息，说孩子回去很兴奋，第一次有机会上台领奖，而且是代表班级领奖，让他特别激动，还说自己很喜欢这个班集体，一定会跟大家共同努力，与班集体一起成长。听到这则语音信息我也很兴奋，我想我的这个小小决定让一个新来的孩子感受了班级荣誉，并有了同理心，在日后的学习生活中，他一定会以班级为荣，并为之努力。

正是同学们的热情帮助、老师们的信任与关注，以及集体的荣誉力量，才让小凡顺利地融入班集体，并在班集体中自信快乐地成长。记得那次制作班级花名册，我不经意地说："加上新同学，我们'芳草地'有46位同学。"小凡嘟起小嘴，神气地说："林老师，我不再是新同学啦，我是'芳草地'的小主人啦！"

机智处理课堂中的"不速之客"

邹祝玉

9月18日下午，我班一个叫小鑫的孩子，用手紧紧地捂住胸部，大声哭喊着："我很痛，很痛……"另一个孩子急急忙忙地对我说："科学室来了一只蜜蜂，在我们身边绕来绕去，小鑫害怕就乱打，就这样蜜蜂飞到他的衣服里面，蜇伤了他。""哦，原来是这么回事。"我当时要忙着去开会，就打电话让校医帮忙处理孩子的伤情。

晚上，我想教师在课堂教学中遇到一些突发事件很正常，但作为教师不会处理这种意料之外的事件就不太合理了。那么，我们如何针对课堂里的"不速之客"，机智灵活地处理呢？

第二天早上，我正神采奕奕地上课，孩子们也正全神贯注地听课。突然，教室里来了"不速之客"——从阳台上飞进一只蜜蜂。顿时，同学们像热锅上的蚂蚁，开始慌张起来。我看着这一幕，不慌不忙地把书本合起来，笑着说："你们不用怕，你们越惊慌蜜蜂就越蜇你，你们此时屏住呼吸，让蜜蜂感觉不到你们。"同学们听了我的话一声不吭，不一会儿，蜜蜂"嗡嗡嗡"地飞出了窗外。有个孩子兴奋地说："邹老师，你好厉害！""是呀，我也觉得自己好厉害，连蜜蜂都来听我上课了，说明我的课太有意思了。"有个学生高高地举着小手，说："昨天我们上科学课的时候，教室里也飞来一只蜜蜂，我们被吓坏了。有的同学吓得脸色发白，大声尖叫；有的同学四处乱躲；有的同学拿出书本打蜜蜂，可是蜜蜂飞来飞去，根本打不着，最后飞进了小鑫的衣服里，还蜇伤了他。"大家听了他的发言后，都故作冷静地坐得更端正了。我想有些孩子或许是被吓怕了，担心蜜蜂还来怎么办。

于是，我给同学们讲了一个名叫《生气的小蜜蜂》的故事。接下来，我因势利导，提了3个问题，具体如下：

第一，大家看到小蜜蜂该怎么办？同学们各抒己见：有人说看见蜜蜂应悄悄躲开，不去招惹，遇到成群的蜜蜂应快速离开；有的说如果来不及就用衣服或者其他东西遮住头、脸等外露的部位，并快速蹲下，不能大声叫喊、扑打蜜蜂，因为扑打会激怒蜜蜂，引来更猛烈的追击。

第二，如果被蜜蜂蜇了该怎么办？有人说要赶快拔出毒刺、消毒；有人说要用有杀菌、消毒效果的液体清洗伤口，必要时去医院治疗。

第三，你们还见过哪些有危险的小虫子？大家你一言我一语地说着，我在网络上搜索图片，然后依次给他们介绍蜜蜂、黄蜂、蜘蛛、蜈蚣。比如，各种蜂蜇人时，它的毒液会注入人体内，使人皮肤红肿，产生水泡，甚至中毒死亡。蜜蜂蜇人后自己也会死去，所以它们不会轻易蜇人。黄蜂攻击能力很强，千万不要触动它们的蜂巢。很多蜘蛛、蜈蚣等小虫子也会带来危险，不能用手去碰，要尽可能远离。

这件突发事件关系到学生的心理和人身安全，我抓住这样一个难得的教育契机，机智灵活地处理了突如其来的问题。后来，每当孩子们遇到这些"不速之客"时，都知道怎么处理了。

我想，这也是对教师临场应变能力的一个考验！

教育从心开始

余瑞芬

　　回首走过的路，我突然发现时间过得好快，仿佛刚踏出师大校门时那充满懵懂与期待的情景就在昨天。我仍然记得当我站在讲台上面对着 50 双天真无邪的眼睛时，曾在心里对自己说过："我要用我的爱去感化他们，用耐心去教育他们，相信他们终有成功的一天。"然而，当我真正地踏上教育这条路后，才发现它光环背后的酸甜苦辣，才真正明白"太阳底下最光辉的事业"体现的是最无私的奉献。教师这个职业有时就像蝴蝶飞入花丛一样让人快乐，有时也会像受了委屈的孩子一样让人情绪低落……

一、乌云压顶

　　记得那是刚放完小长假的第一天，语文课代表急匆匆地走进办公室对我说："老师，三天假期回来，小飞的语文作业最马虎，数学和英语作业都没有完成……"我听后，仿佛有一块大石头重重压在胸口，继而火冒三丈："又是小飞?! 放假前不是千叮咛万嘱咐要安排好假期，学习、玩耍两不误吗? 放假前我特意找他做了思想工作，他还满口答应了，现在又是'外甥打灯笼——照旧'啊！"

于是，我让课代表叫小飞带着作业本来办公室见我。过了5分钟，小飞终于扭扭捏捏地拿着作业本来到我面前，我强压怒火问："小飞，你还有什么作业没有写？"他欲言又止，我再三追问，他仍不开口。其实小飞的"变化"不是一两天的事情，从小学一年级一直看着他到五年级，看到他逐渐变得目无尊长、与同学顶撞闹事，一桩桩令我和同学们都生气的事在脑海中浮现。最终我说道："真让老师生气，打电话给你爸爸，你自己跟你爸爸交代清楚！"一提到爸爸小飞脸色顿变，怎么都不肯移动脚步，而是看着我胆怯地说："老师，我放学留下来补作业好吗？下次不敢了。"

"老师不是没有给你机会，你自己做的事情要自己负责啊！"我说。小飞怎么都不肯打电话，还用无助的眼神看着我。我琢磨着：也许他真的有什么苦衷吧，还是我打个电话问问。于是我让小飞站在办公室门口反思，并给他爸爸打了个电话。电话那头，小飞的爸爸怒火冲天！原来小飞爸爸几次三番地问小飞有没有完成作业，小飞都拍胸脯说完成了，原来他也骗了家长。"老师您让他回家补作业吧，看我怎么收拾他！"好哇，这个孩子欺骗父母、欺骗老师，是要好好教育了，于是我走出办公室对小飞说："先回班上，中午把作业补上。"听了我的话，小飞的泪水在眼眶里打转，慢吞吞地回班了。

二、暴风雨来临

回到办公室，想起小飞那无助的眼神，我有些后悔，为什么不多给孩子一次机会呢？回家后小飞少不了挨打，难道这是我想看到的吗？孩子都是在错误中成长的，为什么不宽容一些呢？于是，我决定下午放学后好好和小飞沟通一下。

让我意想不到的是，下午小飞的爸爸打电话来说小飞中午没有回家，问是不是在学校补作业。我赶紧来到教室，可教室里没有他的人影，班上孩子都说没有见着他。等我再次联系小飞的爸爸时，小飞的爸爸说全家正出动寻找他呢！这时，上课铃声响起，我心急如焚！强装冷静安排好学生自习后，我开始在学校找小飞。学校各条走廊通道、厕所、植物园等地方都被我寻找了一番，凡是能藏人的地方我都找过了，一遍、两遍，就是不见人影，他真的不在学校？我脑海中不断地冒出一个又一个可怕的"如果"，种种不好的念头不受控制地浮现在我混乱的脑海中，我整个人都被巨大的恐惧包围了。

在回班的路上，我不断自责：我这是怎么了？为什么就不能多给孩子一次机会？回想孩子那无助害怕的眼神，分明是在向我哀求——老师多给我一次机会吧。我为什么不能用一颗尊重、宽容的心对待学生的过错，而要用一种伤害人的方式来加剧师生间的矛盾，令事情发展到这个地步呢？当年毕业时信誓旦旦地说要对学生有爱心和耐心，这些都去哪儿了？想着想着，我早已经泪流满面……

三、暴风雨过后

我进班抬头一看，压得我喘不过气的心头大石终于落地——小飞正在座位上写作业呢。全班48双眼睛都看着我红肿的眼，仿佛都知道了什么事。班上异常安静，只有小飞低头独自写着作业。我让大家继续上自习，将小飞请到了办公室。我真诚地对他说："在这件事情上老师也有责任，我没有与你父亲沟通好，让你因害怕而不敢回家，老师郑重向你道歉。肚子饿吗？"我打开抽屉拿了一块小蛋糕给他，待他吃完食物平复心情后，我平静地说出自己知道他没有回校后和寻找他的心情，再婉转地说老师并不是真想让他被爸爸批评，只是他屡教不改，确实伤了家长和老师的心。我就这么动之以情，晓之以理，小飞也似懂非懂地点了点头……两天后，小飞的作业悄悄地放在我的桌面上。这件事似乎很快就过去了，虽然钉子拔了，但伤口还在。因一时冲动，我将要用多大的努力才能抚平学生心中的伤痕啊！

四、阳光总在风雨后

后来，我与他的父母进行多方面沟通，了解到：爸爸在早期对孩子的教育中过于暴力，而母亲则过于溺爱，造成孩子性格出现了两面性。我坦诚地跟家长分析了小飞的情况，指出如果长此以往会导致的后果，家长都表示会积极配合老师的教育。我经常下课找他帮我拿作业本，边走边和他聊天，刚开始他有点儿不好意思，慢慢地他对我的芥蒂逐渐消失了，功课也比以前进步了。

从小飞这件事我认识到：冲动真的是恶魔，要想掌控好这条冲动的缰绳，靠的不是那一瞬间的自控能力，而是源于对学生的尊重、理解与宽容。过去，我错误地把自己当成不可冒犯的权威，却忘了自己应该是教育的服务者。当孩子没有完成作业时，我要了解情况，与孩子真诚沟通，找出根源让其改正；当学生之间有矛盾时，应该先处理情绪，再处理事情，帮他们分析利弊；当班上出现不良现象时，应及时通过主题班会渗透教育。渐渐地，班上同学几乎都能完成作业了，大家相处得越来越和睦，班风、学风也越来越好。

有一天，小飞因为漏抄作业而留下来补作业，看着他整齐的作业我特别欣慰。我看看时间说："你爸爸在楼下等你，我带你下去吧。"小飞腼腆地说："老师我自己下去好吗？"见我有点儿犹豫，小飞眼里发出真诚的光芒："老师，我再也不会像那次一样了，我长大了，相信我好吗？"那一刻，我极为感动，微笑地向他点了点头。

看着小飞的背影，我明白教育不是道理的强硬灌输，它需要施教者的一片真心，也需要受教育者的一片诚心，只有当两者建立起心的桥梁，才能达到教育的目的。

教育从心开始，让我们关爱每一位学生的心灵，用一颗炙热的爱心来换取学生心灵的平和。

两个梨子引出的温情故事

王碧莹

一个阳光灿烂的午后，我来到办公室，一眼就看到了桌面上有两个很大的梨子。班上的孩子经常会有一些暖心的小举动，这两个梨子肯定是哪个宝贝给老师送上的小惊喜。我开心地坐下来，发现梨子下面有一张小纸条。拿起这张小纸条，瞥见上面"小文、小武"字样，我的笑容凝滞了，思绪回到了开学初……

新学期开始了，我发现班上有对双胞胎兄弟小文和小武，他们经常莫名发呆、走神，细细观察，还能看到他们眼里有一丝极力隐藏的忧郁。

说起来，我跟这两兄弟还挺有缘的——他们三年级的时候，我负责编排三年级的诵读节目，当时的他们阳光、自信，给我留下了深刻的印象，所以被我选为主演。另外，我休产假前，也带了他们两个多月的语文课，两人不但成绩优秀，而且为人正直，深得我的喜欢。

所以，他们反常的表现引起了我的关注，这究竟是怎么回事呢？强烈的责任感驱使我要一探究竟。一天午读，我找到了退步比较大的弟弟小武，问他为什么会经常发呆？他看着我，说："我也不知道为什么。"我又问："你的父母有没有发现你发呆呢？"他回答说爸爸有发现。我告诉他，如果没有其他事情影响的话，就有可能是缺少微量元素，可以请他爸爸带他去医院检查一下。他点了点头，就回到了教室里。他回去后，我还是感觉不放心，于是又把哥哥小文叫出教室。我问他："小文，你弟弟最近经常发呆，注意力不集中，你发现了吗？"他点点头说发现了。我说："课堂上你也有一点儿不专注，是不是家里发生了什么事？"他马上防备地看着我说："没有！"他的表现有点儿奇怪，我继续问，"你爸爸妈妈发现弟弟跟你的反常了吗？"他点点头回答："我爸爸发现了。"我终于发现了奇怪之处——对，就是这个回答，很有问题！为什么两兄弟都回答爸爸发现了，那么妈妈呢？于是我道出了心里的疑问："你妈妈发现了吗？"小文慌张地退后两步，低下头："我不能说！"我急忙问："为什么不能说？发生什么事情了？你要告诉老师，老师也好在需要的时候帮助你呀！"他仍然沉默不语，还转过身去想逃走。我拉住他，小心翼翼地问："爸爸和妈妈分开了吗？"他抬起头，眼睛直视着我说："没有，我爸爸妈妈没有离婚。"我温柔地看着他，他顿了顿，眼睛里慢慢涌满了泪水。接着，他颤抖着嘴唇，对我说出了那个噩耗："我妈妈……我妈妈……生病去世了……"说完，他抬起手臂遮住了眼睛。我震惊了，眼睛也不由自主地湿润了。我轻声问他："你们发呆的时候是在想妈妈？"他的眼泪一下子流了出来，沙哑着嗓子说："对，我们就是在想妈妈……我们……我们想妈妈……"看着呜咽的孩子，我心痛难忍，但我必须要坚强，必须要忍住。我眨眨眼，把即将夺眶而出的泪水憋了回去，我伸出手想抱住这个悲伤的孩子，但最终，我只是摸了摸他的头，哽咽着说："孩子，记得老师昨天说过的天灾人祸吗？这就是天灾，是我们无法预料，也无法改变的。以后有什么困难或者心事就跟老师说，老师愿意像妈妈一样关心你们，帮助你们！"

后来，这两个孩子时常围在我的身边，只要得到我的几句鼓励或者一个关爱的眼神，他们就会腼腆又满足地笑。我会在天凉时提醒他们加衣，在他们遇到挫折时给予关怀，在讲到母爱的课文时，假装随意地走过他们身边，摸摸这两个红了眼眶的小男子汉的头。虽然我永远无法像他们的母亲那样给予他们无微不至的呵护，但我愿意尽我所能让这两个年幼失母的孩子多得到一些温情，让他们在漫长的人生路上获得一点儿前进的力量！

落红不是无情物，化作春泥更护花。我相信，那么坚强、勇敢的两个宝贝，在爱心的浇灌下，一定能绽放出最娇艳的花朵！

小酒窝里的阳光

卓琳娜

"天上的星星，一眨一眨亮晶晶，我许下的愿望，就像一颗水晶。汗水伴着我，一步一步往前闯，也常会有泪水，在前进的路上……"还记得开学第一天，阳光正好，喷泉欢唱，为了迎接"小竹子"们的到来，"竹溪苑"的"家"里响起了动听悦耳的班歌，一切都是那么温馨、美好……

"亲爱的'小竹子'们，接下来是'自我介绍'环节，掌声有请……"可爱的孩子们逐个上台介绍自己：有的自信大方，声音洪亮；有的性格腼腆，声小紧张。教室里掌声不断，鼓舞着每一个人，孩子们都是笑着走回座位的。"接下来轮到小安，大家掌声欢迎！"热烈的掌声再次响起。"老师，他哭了！""老师，他怎么啦？"顿时，孩子们担心地把目光聚焦在他身上。只见一个个子小小的、长得很俊秀的小男孩，此时已经哭得眼眶泛红，豆大的泪珠成串地从他的脸庞滑落，浸湿了衣领……

我走近蹲在他身旁，仰起头问："小安，是不是今天心情不好，不想上去？"他小小的身子随着哭泣微微抽动着，闭着眼睛点了点头。"那要不等大家介绍完了，你再上去，好吗？小朋友们都很喜欢你，很想认识你呢！"他仍闭着眼淌着泪水，缓缓地摇着头。尽管如此，我仍抱有一丝希望。于是，在接下来的时间里，我有意夸大地表扬孩子们自信的表现，鼓励他们放松心情，大胆展示自己。

终于，最后一个孩子介绍完毕，小安也稍微平复了心情，不再哭泣了。我满怀期待地走向他，问他肯不肯给自己最后一次机会。他看着桌面摇了摇头，再次拒绝了我的邀请，"自我介绍"环节也就此结束。我想，每朵花都有它自己的花期，也许"这朵花"需要更多爱心雨露的浇灌，那么接下来我要做的就是"用心陪伴、静待花开"了。

往后的日子里，我私下找了几个小朋友，让他们下课多陪小安玩，鼓励他上课举手发言，号召同学们一起表扬他……渐渐地，他回答问题的声音越来越响亮了，脸上渐渐绽开了笑容。还记得那一天——

"亲爱的同学们，兔子这么小，南瓜那么大，它到底是怎么把南瓜运回家的呢？请你们自由组队，大胆发挥想象，演一演……"话音刚落，"小演员"们纷纷寻找伙伴兴奋地演了起来。大家演得惟妙惟肖，处处有精彩，个个有活力。瞬间，整个教室俨然成了大剧院。展示环节开始了，有一半的孩子把小手高高地举起，生怕错过表演的机会。这时，令我欣喜的是，小安也高举着小手，由于个子比较小，他甚至撑着桌面快站起来了，一脸迫不及待想要展示自己的样子！我立马走过去拍着他的肩膀："小安他们组刚才演得太精彩了，让我们掌声有请他们上场！"在响亮的掌声中，只见他迅速地伸手邀请他的另外两位组员，拉着他们一同来到 U 形座位的中间，开始了他本学期的第一次展示……

我不记得那天舞台上的他说了什么话、做了什么动作，但我深深地记得他脸上露出的浅浅的酒窝，这样的他是多么迷人、自信！那天，阳光依旧，金灿灿的光从阳台穿射进来，肆意地在他那可爱的酒窝里跳跃、旋转。我知道，他"这朵花"已经开始热烈绽放了。我要做的，便是轻嗅他的芬芳，呵护他成长。

"当时光消失，我还有记忆；当记忆消失，我还有教育叙事。"每一个故事都值得我去回味、深思。每一个孩子都是独特的存在，每一朵花的花期都不尽相同，我们应学会放慢脚步，用心观察、思考，用爱心、耐心守护每一个孩子的成长。

眼镜与小龙虾的故事

程灿辉

　　每个周一都是让人打不起精神的日子。早上 7 点 30 分到教室，10 点 15 分才出来的连堂转，让我产生了莫名的焦虑情绪。第三堂课虽说回了办公室，但还有码得厚厚的各种作业、表格在等着我。中午，孩子们分批用餐。因为担心他们吵闹，我并没有去吃饭，而是在教室等他们。11 点 20 分孩子们陆陆续续回来了。果然不出所料，一阵笑声从楼梯间传进教室，两秒过后踉踉跄跄跑进来的是我们班的"三大巨头"。即使威严的班主任站在他们面前，他们也是你看着我，我看着你，止不住笑声。

　　我一眼望去，只见进来 3 个大个子，个个都像落汤鸡似的，头发全湿了，水珠加上汗珠直往下滴，身上的校服湿了一大半，混合着汗水粘粘地贴在身上。原来这 3 个孩子饭后每人都用自来水冲了个头。这样的天气，感冒了怎么办？一通训话后，他们终于不傻笑了。壮壮的肖同学小声说："我的眼镜落在洗手台上了。"我让他去找，他跑出去一圈悻悻地回来了。这下真的笑不出来了，因为那副 2000 多元配的眼镜没有跟着他一起回来。

　　下午，我故意说他："这下好了，洗个头 2000 多，比我洗一年头还贵。"我让他写一个寻找眼镜的方案。"如果找到了，就请老师吃饭。"

看到这么可爱的承诺，轮到我笑出了声。我在工作群里发遗失启事，下午开会时，我又向同事打听。还好，别的班有心的孩子捡到眼镜交给了她的老师。5 点多会议结束后，我去领回了眼镜。周二一来到学校，我就把眼镜还给了肖同学。

课间休息时，戴上失而复得眼镜的肖同学害羞地走近我，问我喜欢吃什么。我有点儿纳闷——小男生怎么这么爱打听。我也没有多想，就告诉他我喜欢吃辣的，火锅、小龙虾都行。周三不是我的早自习，当我出现在办公室的时候，3 个小男生立刻凑了过来，眼里闪着异样的光，笑声在几米之外就已经传了进来。其中一人神神秘秘地说："肖同学带小龙虾了。"看着那几张笑出花的小脸，我也乐了——今天我们班 49 个人可以一起分享小龙虾了。下午放学前，我从宿舍煮好小龙虾拎到教室，手套一人一只，小龙虾一人一只。然后我就看到了 48 张笑脸和隔壁班同学艳羡的目光。

由一只鸟看一颗心

黄 燕

嘉诺是松山湖中心小学六年级（4）班的学生，他经常自嘲，说自己是一个灵活的胖子。由于性情冲动，身强力壮，一年级时，他与同年级不少同学发生过肢体冲突，也欺负过班级里大部分同学。随着年龄的增长，外加老师的不懈努力和引导，五六年级时，他在情绪管理方面有了很大的进步。他的爸爸说："不怕嘉诺成绩差，就怕嘉诺走歪路。"我只是听着，并没有发言。毕竟，听闻他以前的一些行径，我也有点儿担忧。然而，一场突如其来的暴风雨，让我对嘉诺刮目相看！

一、缘起

2019年5月28日下午，一到教室，浚熙就告诉我："老师，老师！不知道为什么，我们小书房里有一只小鸟。""会飞吗？""不会，好小，好像受伤了。""先别打扰它！""一会儿上课了，暂时不要让小鸟影响大家。"我心里暗自思忖，恰好嘉维来教室，我便说道："嘉维，小书房有一只小鸟，请你帮忙把它送到我办公室。"嘉维应声而去，把小鸟装在糖果盒里，放到了我的办公室。小鸟是怎么来的？按照常理，受伤后不会飞翔的小鸟是不会到小书房里的。带着疑惑,第一节课结束了。"老师,小鸟是我放到小书房的。我怕你批评我,刚才没有对你说实话。"嘉维走过来主动坦白。原来午饭后,一群小朋友在回宿舍的途中,在一棵大树下发现 5 只小鸟。有 3 只已经死了,状况惨不忍睹;余下的 2 只保安叔叔让孩子们分别带走。一只被五年级的孩子带走了,这一只便来到了我们的教室。

二、历程

嘉诺跟着嘉维把小鸟送到办公室,回来告知我:"老师,我看您办公桌上有一个鸡蛋,我给小鸟喂了点儿蛋黄。""嘉诺,你说你喂小鸟?"看着这个曾经"霸气十足"的孩子露出了微笑,我心中生出点点疑惑。

下课了,我回到办公室,看看糖果盒中瑟瑟发抖的小鸟,又看看糖果盒一侧那个被剥开的鸡蛋,心头涌出丝丝暖意。随即,在"朋友圈"求助的同时,我开始在网络上查询如何救助这只小鸟。

"被风吹落的雏鸟,怕冷、怕潮湿,只有把他送回巢穴才有可能活命。""一般都是送到野生动物救助中心,个人很难养活。""雏鸟不能喝水,注意保暖。"……这些信息让我的心纠结起来。鸟巢已经被大风吹散,鸟妈妈已经死去,不能送回鸟巢;网上搜寻显示,东莞区域没有野生动物救助中心。怎么办?我唯一能做的,就是给糖果盒内铺了一层柔软的毛巾,用一张白纸盖在糖果盒上,让光线不那么强烈……

课间,孩子们过来了。手里拿着自做的纸盒,纸盒里面是几条细细的蚯蚓。"我们问过科学老师了,庞老师说雏鸟可以吃点儿虫子。""啾啾"的声音断断续续地从小鸟嘴中传出,宇迪、嘉诺、家禧几个同学细心地喂着小鸟。静静地，一股暖流在我们周围流淌……

"老师，如果小鸟救活了，就叫他'天使'吧。我们的班名是'天使之家'！"嘉诺说。

喜闻此言，不由自主地，笑容在我心里开出了一朵花。

"好啊！"对小鸟，我充满了期待。

三、去处

放学前，我走进教室，跟孩子们聊了聊小鸟的状况和我从网上查询的信息。当孩子们知道小鸟的处境后，都担心起来——"放学了，小鸟该怎么办？"

乐然说："老师，我带小鸟回家，我外公养过鸟。"

嘉诺说："老师，放学后，我带小鸟去看病。我家附近有个宠物医院。"

是啊，小鸟还受了伤呢，带它看医生是首要的。我同意嘉诺把它带回家。于是，嘉诺给爸爸打了电话，征得爸爸同意后，就把小鸟带回了家。

看着那滚圆的手臂和那小心翼翼地捧着糖果盒远去的身影，我的心又是猛地一震。

"老师，小鸟应该能够养活。刚挂了一个副主任的号，20元，医生说小鸟伤势不重。我买了半斤小鸡饲料。"晚上，嘉诺爸爸的信息让我欣慰。

小鸟跟着嘉诺，有了一个好去处……

四、尾声

第二天清晨，手机显示了嘉诺妈妈发来的一条信息：

"黄老师早，嘉诺带回来的小鸟昨晚没了，医生跟他说 4 个小时喂一次，他真的调好闹钟照做，昨晚深夜 1 点多起来喂，发现小鸟已经没了。他哭了好一阵子，情绪很低落。他对生命的这份执着，也让我没想到！嘉诺说辜负了老师和同学们对他的信任，其实他已经尽力了……"

意料之外，却也在情理之中。

"没事，我昨天已经告诉大家雏鸟真的好难养的，今天我会再次引导大家。面对死亡也是必须学习的一课。"回完家长的信息，我仿佛又看到了嘉诺那滚圆的手臂和那小心翼翼的步伐……

来到教室，我看到嘉诺眼圈微红，神色凝重。没有语言，我上前抱了抱他，泪水从他那微胖的脸颊上流了下来……

我从口袋里拿出一颗糖，塞给了他。嘉诺破涕为笑，安心考试了。

五、反思

生命教育是一种全人教育，它涵盖了人从出生到死亡的整个过程，以及这一过程中所涉及的各个方面内容，既关乎人的生存与生活，也关乎人的成长与发展，更关乎人的本性与价值。生命教育的核心目标，在于通过生命管理，让每一个人都成为"我自己"，都能最终实现"我之为我"的生命价值，即把生命中的爱和亮点全部展现出来，为社会、为人间焕发出自己独有的美丽光彩。

　　嘉诺和"天使"鸟之间的故事，让我深深震撼。自我评价这一案例，由同学们关注鸟的生命开始，到老师介入后关注嘉诺的生命成长结束。在这一进程中，我所做的一切，可以用"尊重"和"帮助"两个词语来概括。

　　在这一案例中，我尊重孩子们把小鸟带到教室的现实，尊重被风吹落的小鸟的生命，引发了嘉诺跟随嘉维把小鸟送到办公室的行为；我尊重嘉诺喂小鸟的行为，通过"朋友圈"求助和网络查询，帮助孩子们明白被风吹落的小鸟的饮食需求和就医需求，从而促成嘉诺把小鸟带回去医治的行为；我尊重嘉诺在小鸟离开后情绪低落的事实，用一颗糖帮助他平复情绪，投入到考试之中。

　　正是"尊重"与"帮助"这两个词，让我在关注同学们救助小鸟这件事的同时，完成了对嘉诺自身生命成长的关注。由一只鸟看一颗心，自然和人相融共生。鸟的生命历程也照亮了嘉诺的心灵，美哉！

　　"天使"鸟已经真的成了永远的天使！这件事似乎已经结束。我相信，嘉诺对待小鸟那颗柔软的心已经告诉了我——这是一个不会走上歧途的孩子。

　　反思这一案例，我最深刻的感受是：教师的人生观和价值观是生命教育的前提。生命教育不是口头说教，而是在具体的生活事件中，教师尊重一切生命，尊重孩子的成长，给他们提供所需要的帮助。如此，潜移默化，引发出孩子内在的生命之光。

　　2019 年 9 月 10 日中午，在松山湖中心小学教师餐厅，我接到嘉诺的教师节祝福电话。晚上，在嘉诺的组织下，他们同一中学的孩子们排队打电话送祝福……电话两端，师生情谊汇聚，这就是有"天使"鸟故事的天使之家！

　　"生命教育不仅只是教会青少年珍爱生命，更要启发青少年完整理解生命的意义，积极创造生命的价值；生命教育不仅只是告诉青少年关注自身生命，更要帮助青少年关注、尊重、热爱他人的生命；生命教育不仅只是惠泽人类的教育，还应该让青少年明白让生命的其他物种和谐相处在同在一片蓝天下；生命教育不仅只是关心今日生命之享受，还应该关怀明日生命之发展。"在这个案例中，我相信，我做到了。

这条小鱼在乎

王松枝

有一个故事一直在我脑海中浮现：在一个狂风暴雨的早晨，沙滩的浅水湾里困住了许多小鱼，一个小男孩不停地在每一个水洼旁弯下腰去，捡起水洼里的小鱼，用力地把它们扔回大海。一个男人看到了，忍不住问："这浅水湾里的小鱼这么多，你是救不过来的，谁会在乎呢？"小男孩一边拾起一条小鱼，一边说："这条在乎，这条也在乎，还有这一条……"有时我在想，班里所谓的"潜能生"，不就像暂时被困在浅水洼的小鱼，等待着我们教师的帮助和救援吗？于是每当看到一个孩子在我的帮助下有进步时，我就悄悄地告诉自己："这条小鱼在乎。"

一、追溯根源，双管齐下

父母是孩子的第一任老师，每一个孩子身上出现的问题或多或少都和父母有着一定的关系。我们班上有一个孩子叫小九，脾气暴躁，从刚进班的那一天起，就经常与同学闹矛盾，上课时没有规则意识，我行我素；做作业时动作很慢，思想很不集中；站队时歪七扭八；被批评时仰起脸满不在乎……每天不是科任老师"投诉"，就是学生"告状"。于是，我找他谈话，先肯定了他的优点，然后提出希望他能遵守课堂纪律，按时完成作业，和同学友好相处。开始他是一副爱理不理的样子，后来口头上答应了，可一到教室，他又一如既往，毫无长进，真是"承认错误，坚决不改"。我觉得一切事情皆有原因，也许能从原生家庭里找出一些蛛丝马迹。于是我约来了他的爸爸，经过深入沟通，我知道了原因，原来他爸爸一贯奉行"快乐教育"，什么事情只要孩子快乐就行，所以他完全没有接受习惯、规则意识方面的培养，不管在家里或是在幼儿园都是这样的。经过沟通，爸爸也意识到了孩子的问题，于是我们约定，对于孩子的问题我会及时反馈，他在家里也会有针对性地进行教育。赢得家长的认可与配合后，对孩子的教育就前进了一大步。

二、及时鼓励，激发信心

帮助"问题学生"改变问题行为不是一蹴而就的，当问题行为出现时，更需要教师换位思考、心灵感应，给予学生一份理解和同情。心理学家认为"爱是教育好学生的前提"，在关爱孩子的同时，要抓住他哪怕是一点点的进步，并无限地放大，就像一句话说的："对于孩子的优点要用放大镜来看。"

与家长沟通了解情况后，我决定先给他一点儿自信，只要课堂上他举手，我就会给他机会发言；只要他写的字有一点儿进步，我就会及时当着全班同学的面表扬他。有一次，为了能够引导他爱上阅读，我私下让他的爸爸在家里拍下他读书的照片，并传给我。爸爸也极力配合，把孩子自己读书的照片、给妹妹讲故事的照片都传给我，我就把照片放给全班同学看，并大肆表扬一番，这样就大大激发了他阅读的欲望。有一次他主动找到我说："老师，我喜欢恐龙，我知道很多恐龙，我想给全班同学讲恐龙的故事。"我一听高兴极了，就鼓励他给大家讲。同时，我打电话给他爸爸，让爸爸帮他制作一个幻灯片，并把故事内容准备好，这样他会更有信心。第二天，他讲得非常精彩，全班响起了热烈的掌声。因为在课堂上多给了他机会，他变得更自信了，同学们也渐渐地接纳了他。为了赢得更多的认可，再犯错误时，老师的批评与帮助他也就愿意接受了。

三、巧妙安排，激其上进

每个孩子都有上进心，但是良好习惯的养成，其过程总是反复的。在老师和家长的共同努力下，小九虽然比以前有进步，但是总会有反复的时候。有一段时间，无论他坐到哪里，同桌都会"投诉"他，周边的人也会"投诉"他，说他上课乱动、乱说话，还强迫别人看他上课画的画。听到了大家的"投诉"，我把他叫到跟前问原因，他说："我不想和现在的同桌坐在一起。"我问他："那你想跟谁坐同桌呢？""方××。"他脱口而出。听到他这样说，我心里既高兴又担心。高兴的是方××是我们班各方面表现最好的女生，他想和表现最好的同学坐同桌，说明他还是积极向上的；担心的是这个优秀的小女孩不想跟他同桌，如果老师强制安排，孩子会有抵触情绪。我想了想，跟他说："你想跟人家坐同桌，人家不一定愿意跟你坐，但是王老师愿意帮你问问人家愿不愿意给你一个机会。前提是，你能不能保证不影响人家学习？""能。"他满口答应。"口说无凭，你写个保证书怎么样？王老师相信她看了你的保证书之后，肯定会愿意跟你成为同桌的。"他很认真地写了，为了表示郑重，我还让他签上了名字。在和他约法三章之后，我和方××商量能不能给他一个机会，并把他写的保证书拿了出来。方××同意后，我既表扬方××不仅自己表现优秀，还愿意帮助同学，又表扬小九有上进心，愿意向优秀的同学学习，让自己变得更优秀。在后来的一段时间里，他确实表现不错，上课能保持安静，至少不影响其他人，也愿意接受老师和同学们提出的建议了。

有一天，他爸爸发给我一条信息，上面写着："小九说他喜欢王老师，长大了要娶王老师。"看着这童言无忌的话语，我倍感欣慰，同时也印证了一句名言："教育是植根于爱的。"爱是教育的源泉，教师的爱心是成功教育的原动力，对"问题学生"更要讲究爱的情感、爱的行为和爱的艺术。教师要走进孩子的情感世界，去感受他们的喜怒哀乐。有时一个关爱的眼神，一句信任的话语，都能赢得"问题学生"的爱戴和信赖，并会使他们的潜能发挥出来。

在这漫长的教育之路上，我们要把每一个"问题孩子"当成搁浅在浅水洼里的小鱼，他们在等待我们的帮助。这样一来，"问题学生"的教育一定不是问题，因为它们内心深处其实真的在乎。

"小公主"的华丽转身

孙　璐

身为班主任，无论接手哪个班级，总有那么一两个让人难以忘怀的学生。这不，两年前，我和这么一位"小公主"不期而遇了。

一、初相识——她？

两年前，我接了个新班，前任班主任给我一份学生情况简介。有一个学生的简介给我留下了深刻的印象：F同学，"公主病"，家长生二胎后直接把孩子放在辅导班，书写很糟糕。父母方面，说一下动一下，基本不管孩子。

"公主病"？我非常好奇这是个怎样的姑娘。

可是，说真的，开学好几天我才发现班里有这么一个姑娘：矮矮的，干瘦干瘦的，皮肤黝黑，头发零散地扎着，身穿一条短了一截的校裤，脚上是一双看不出本色的运动鞋。我似乎没亲耳听过她说话，也没有同学提起过她。她就这样悄无声息地和我相处了一个多星期，直到一次上"阳光体育"课……

全班男女生分组跳大绳，有的秀技巧，有的喊加油，玩得热火朝天。我正不亦乐乎地给孩子们拍着视频，一个女孩子跑过来，埋怨道：“老师，F 同学不跳绳。”我顺着她手指的方向看过去——一个小女生正立于班级活动区域的一处角落，单脚侧点地，双手端于胸前，眼神斜视且傲娇，薄皮小嘴巴轻轻一噘，一副置身事外、藐视一切的架势。我的大脑瞬间迸发出了 3 个大字——“公主病”。

我走上前，笑脸相迎：“你是 F 同学？”她点了一下头，多一下都没有。“来嘛，你想参加哪个队？随便挑！”她不说话。“挺好玩的啊，你看他们都会跳了，那个队一分钟能接力跳 100 个了。”她不说话，姿势和神态没有一丝“涟漪”。旁边的女孩子开始叽叽喳喳：“老师，她就是这样，‘公主病’。”我挥手赶走旁边的孩子，试着拉一下 F 同学，她一动不动。

我坚持微笑着：“那行，你在这儿先看着，当作看视频学习。”于是，小公主就硬是以这样的站姿，在角落里看着全班同学激情四射地跳了半个小时大绳。

不久，第一单元测验成绩出炉，F 同学倒数第一。她拿到试卷，黑着脸顺势往抽屉一塞，评讲试卷时她全程不听。

初相识，唉，难道这就是真正的她？

二、蓦回首——她！

“公主病”怎么治？我陷入了深深的思考：公主喜欢高高在上的感觉，得有人捧着；公主内心永远觉得自己还小，永远把自己排在第一位。

第一步，我开始关注“小公主”的原生家庭。她的习作中最常出现的，能体现关爱的人物形象是奶奶，她奶奶送她的生日礼物她很珍惜；

数学、英语老师因催交作业联系其家长，她的家长连一句回复都没有；本学期家长会，F 同学的妈妈来了，她打扮精致，不停地看手机，中途还去走廊接了一个很长的电话；他们家是本地人，她的妈妈二胎生的是弟弟。这些零碎的信息，拼凑出了 F 同学原生家庭的基本情况。她外显"公主病"，内在却是没有得到太多原生家庭的温暖。那我就在能力范围内给她温暖，而且是那种礼貌又自然的温暖。

我开始"蓄谋"，行动起来尽量不刻意："天天练"写字课，我假装偶然走过她的桌旁，在她写的稍微能看的字上画个小红圈，以示鼓励；上课与同桌讨论，她照例不参与，我蹲在她桌前，和她聊几句简单的问题，她配合着点头或者摇头；全班自习课写作业，她走神望着窗外，我走过去，摸摸她的头；午休结束，她顶着一头乱发，我拉她过来，给她扎好马尾……

同时，我给她安排了一个最合适的同桌——脑子灵活、心地纯真的王同学。后来与同桌讨论时，王同学滔滔不绝，F 同学侧耳倾听，会笑会点头；写语文练习题时，王同学看她停下来不写，就很自然地给她讲怎么做；甚至在下课时，王同学争分夺秒看课外书，她也在旁边静静地画画，有时候停下来看同桌指指点点书上精彩的内容……

日积月累，由内而外。我耐心地期待着"小公主"的第一次华丽转身。

临近期末，"文雅气质"课上分小组准备诵读节目，并轮流上台展示。在同桌的大力鼓励下，F 同学参加了。而且不止于此，在小组排列的三角形阵型中，她站在最前面的顶点位置。节目表演开始，F 同学声音甜美、不卑不亢、底气十足、一气呵成，她眼神中的"小傲娇"放在此情此景中居然没有丝毫违和感。落幕的一刹那，教室里响起了情不自禁的掌声。我忙着录像的手在颤抖。F 同学享受着这一切，嘴角微微上扬着。

下课后，我赶紧把这段精彩的视频发到了家长群，从来没有在群里说过话的 F 同学的家长激动的心情溢于言表，坦言从未想过自己的孩子还有这样的一面。

可是，这就是真正的她啊！

三、终相逢——她……

时至今日，我已经与 F 同学相处两年有余。这两年多的时光，揉碎在浮藻间，终于在六年级开始有点守得云开见月明了。

英语老师发来作业照片，F 同学能拼写很长的单词啦；下课时，她会和三两好友在走廊上逛逛聊聊，去洗手间门口照镜子臭美；我改作业，她就贴着我站着，点评别人的糟糕作业，我调侃她别忘了自己写得也不咋样，她痴痴一笑；放学路过办公室，她会站在窗户边，给我一声甜美而又矜持的"老师再见"！

她的家长在我们需要拍摄诵读视频的时候，慷慨地借给我们录像机使用，还不忘充好电，带好备用电池。更不用说群内需要回复的重要信息，及各种家长接龙等活动了，哪里都能看到她的家长活跃的身影。

而我，也在不经意间重新审视学生中的这样一个群体——家庭关注不够、自尊心强、班级内存在感弱的孩子。其家长已经把这些孩子定义为不可救药了，内心有点儿放弃，他们害怕老师的"告状"，不清楚孩子在学校到底能有怎样的突破。孩子更是无处安放自己的"特别"，他们需要得到的关注也和其他孩子不一样。孔子提出的"因材施教"，不单单指语、数、英的学习，其实改变一个人的内心同样重要。

改变的，是我，是她；不变的，是每一颗星星都想要自己发光。

亲爱的"小公主"，一次又一次华丽转身的你，在小学毕业之前，还会给我们带来怎样的惊喜呢？

我就这样凝视着她，期待着她……

同是生命的摆渡人：
老师与家长

"后妈"的春天

余惠红

有人说："当一位班主任，其实是在带两个班：一个是学生班，一个是家长班。"这话说得一点儿不错。曾有人戏言：自己从一年级建立起来的班级，管班主任叫"亲妈"；中途接管的班级，管班主任叫"后妈"。"后妈"是一个较为复杂的角色，既要传承延续，又要维稳，当中的酸甜苦辣只有自己知道！那些年，那些事，我至今仍记忆犹新。

一、床位事件

记得那是我调到新学校接手三年级（1）班的第一天。在我接手前，这个班三年更换了三位班主任，而来这之前，我仅有两年的班主任工作经验，仍是一位年轻的班主任。早上，我早早来到学校，因为今天家长要进校给孩子铺床。

上午9点，坐在办公室的我，突然听到从学生宿舍那边传来一阵尖锐的女声："三（1）班的班主任呢？怎么孩子宿舍的午休床上还没有贴名字？"听到点名三（1）班，我本能地马上走过去，这是我接手的班级。来到学生午休室门前，只见一位中年妇女正在那里嚷嚷，嘴里还嘀咕着："真不知道这是一位怎样的老师？学校赶紧换人吧！"我快步走过去，站在那位家长的旁边对她说："您好！我是三（1）班的班主任，请问有什么事，我可以帮您吗？"这时，那位家长转脸一看，说："怎么又换班主任啦？老师，怎么我们班孩子的床上没有贴姓名？"此时，我才恍然大悟，赶紧看了看其他班的床位，马上回头跟她说："哦，这位妈妈您好，非常抱歉！我刚到这个学校，可能对这里的工作还不太了解，是我工作的疏忽，请少安毋躁。要不这样吧，您现在先挑选一个床位，我去拿姓名贴过来再登记上去好吗？"她听了这个临时解决方案后，可能认为这样的方法比学校直接安排下来的更舒心，就点头同意了。先处理她的情绪，再处理事情，那一天我们班孩子的床位问题就这样暂且安排好了。

二、转危为安

事后，那位妈妈盛气凌人的模样让我心有余悸。我向同事了解到，她是班上一个叫小珊的孩子的妈妈，他们家是单亲家庭，妈妈比较强势，之前也曾对学校某些老师的工作指指点点，常来"找麻烦"。我想：我第一天就遇到这事，实在是一个挑战啊！毕竟未来的一年里我们还要继续相处的。于是我主动电话联系了她，就今天床位安排的事再次致歉，然后向她真诚地介绍了自己的情况。没想到，当我把话说完，她的态度有了很大的转变，语气变温和了，沟通的过程中她也耐心倾听了。渐渐地，我们彼此间留下了一个较好的印象。一开始她对班级勤换老师的做法心有芥蒂，再到带有情绪的语气发泄，最后到情绪的缓和，能静下心来听我诉说，这是我们沟通较为成功的开始，也只有这样才能让她把情绪的负能放下。

退一步海阔天空，真诚地推销自己，是为了日后更真诚、有效地沟通。

三、沟通从心开始

小珊这个孩子的思维能力很强，学习成绩也不错，但性格较为刚烈、强势，有时候会与班上同学因意见不一致而引发矛盾，这时我就会与她妈妈进行沟通。联系多了，能获取的信息逐渐就多了，她对我的信任也更多了，从工作到家常，她都能敞开心扉跟我谈，后来我得知小珊的爸爸是因病去世的，孩子从小由外婆带大，妈妈在家既要当爸又要当妈，一家之主的重任就落在了妈妈的身上。

她妈妈之前也当过小学教师，所以对教育有自己的见解。这样的环境，造就了妈妈强势的性格。得知她们的情况后，我对小珊更多的是怜爱，对她妈妈更多的是理解。同时我凭借自己的认知水平与工作经验，就班级的教育、教学管理工作真诚地向她提出自己的见解与方法，我们会互相交换意见，共同探讨解决的方案。

四、换位思考，拉近距离

对于那些气势凌人的家长，其背后肯定有一些故事，甚至是一些鲜为人知的经历，而我们不是当事人，所以很难体会个中艰辛，我们不能盲目地下定论，只有多换位思考，实事求是地分析，才更有利于事情的解决，切勿意气用事。

　　在往后的日子里，我们建立起了良好的沟通关系，她不仅主动参与班级活动，对我们的工作给予了大力支持，同时还主动参与到学校义工家长的值日工作中，给班级的家长树立了很好的榜样。

　　班级管理，就是一棵树撼动另一棵树，与家长沟通，爱心是根本，互相尊重是前提，多联系是关键。用爱心架起沟通的桥梁，掌握与家长沟通的语言艺术，用耐心来灌溉，用细心来滋润，"后妈"的春天也就随之而来……

小溪的眼镜

陈小燕

一、缘起

下午 5 点 30 分，孩子们上完第一节托管后陆续回家。我坐在空荡荡的教室，正想歇口气，这时手机响了，是小溪妈妈打来的。"小溪昨天刚配的一副眼镜，今天带到学校就不见了。"我让小溪把具体情况说一说。"今天早上，我把昨天新配的眼镜带到学校，因为刚戴眼镜还不太习惯，也有点儿不太好意思，怕同学笑话，所以上课的时候我把眼镜戴上，下课了就把眼镜摘下来放进眼镜盒。上午还是好好的，但下午来到教室我就发现眼镜不见了。"小溪说着说着就哭了。

我知道小溪难过、担心是有原因的。她是单亲家庭的孩子，从我接这个班开始，就没有见过小溪的爸爸，家校通留的电话号码只有妈妈的。妈妈带着两个孩子过日子，不容易。平时妈妈的教育也比较简单粗暴，现在眼镜丢了，小溪免不了要挨妈妈的一顿数落。小溪在班上成绩不是很理想，平时比较安静，在班上朋友不多。

就在前几天，数学老师跟我反映，班上有三位同学因为近视看不清黑板，影响学习，其中一位就是小溪。那天我一一打电话给家长，提议给孩子配一副眼镜。我想小溪的妈妈就是听了我的建议，才给小溪配了一副眼镜的。

我宽慰了小溪和妈妈几句，并表示我会尽力帮助小溪把眼镜找回来的。我让小溪妈妈看看能不能找到眼镜的款式或拍个眼镜盒的样式给我。小溪妈妈很快联系了眼镜店，把眼镜盒的图片发给了我。我先把眼镜盒的图片发到了班级微信群，并发了一个寻物启事，但一个晚上都没有人回应。

怎样把眼镜找回来？我一个晚上都在寻思：是自己班同学拿的，还是别班同学拿的？嗯，这么短的时间，别班的同学不可能知道。自己班的同学拿了？会是谁呢？他为什么要拿？这是一副近视眼镜，这位同学拿去了，也没有什么用啊！会不会有同学恶作剧想捉弄一下小溪？怎样才能帮小溪把眼镜找回来呢？能不能有一种办法，既能保护孩子的自尊心又能把眼镜找回来，还能起到教育作用呢？

二、转机

寻思了一个晚上，第二天早上我就有了主意。

我早早来到教室，8 点左右孩子们都已经到齐了，我当着全班同学的面说：“最近，数学老师反映，有三位同学因为近视看不清黑板，影响学习。我已经一一打电话通知了他们的父母，建议配一副近视眼镜。前两天，小溪的妈妈给小溪配了一副眼镜，可她昨天刚戴了一个早上，下午就不见了。小溪的妈妈很担心，小溪也很难过。昨天晚上，我在班级微信群发了寻物启事，但没有人回应我。我通过分析，基本可以排除别班的同学进来把小溪的眼镜拿走的可能，拿走小溪眼镜的同学就坐在我们中间。我想，如果这位同学一时糊涂，可能因为小溪平时言行不太妥当冒犯了你，你想捉弄一下她，这种做法不太好。但每个人都有犯糊涂或做错事的时候，知错能改，就是个好孩子，我们大家都会原谅你。同学们说是不是？""是！"孩子们嘹亮的回答声在教室里响起来。

"我希望这位同学今天能主动地、悄悄地把眼镜还给小溪。我期待他是个知错能改的孩子，我知道他一定是个善良的孩子，只是一时糊涂犯了不该犯的错误，我会原谅他，同学们也会原谅他。如果他还回去了，也恳请同学们不要问我他是谁，给他一个成长的机会。"

一个上午，我都很忐忑，不知道这位同学能不能迷途知返，也不知道他的善良、内省力到达什么程度。他有没有勇气去面对和改正这个错误？如果今天眼镜没能还回去，我又该怎么办？

下午第二节课刚结束，我正向教室走去，小溪惊喜地向我跑来，嚷道："老师，我的眼镜，他还回来了。"我和小溪高兴地拥抱在一起，并马上给小溪妈妈回了电话，叫她不要担心，眼镜已经找到了。

我是多么高兴啊！我不仅为小溪的眼镜找到了而高兴，更为这位知错能改、心存善念的孩子感到高兴。他虽然一时糊涂做了错事，但能战胜自己内心的恐惧，勇敢地面对自己的错误，这不就是教育的本真吗？这样的勇气，在他犯错误的时候指引他成长，唤醒他内心的自制力、自省力，从而达到自我教育的效果。我很庆幸当时没有采取其他一些简单粗暴的教育方式，而是给孩子一个改过自新的机会，给孩子一种成长的可能。

当天，我对全班同学说："我要特别表扬这位知错能改的孩子，表扬他敢于面对错误和改正错误的勇气，他的本性是善良的，只是因为自己的一时糊涂犯了错误，小溪、我和同学们都会原谅他，对吗？"同学们响亮地回答："对！"孩子们的声音坚定而有力量。

"同学们，我也要表扬你们。表扬你们给了这位同学改正错误的时间和空间，给了他改正错误的勇气！这件事就到此结束，也请同学们不要问我他是谁，我相信他一定是个好孩子。"

事后我想，教育不就是唤醒、点燃吗？唤醒藏在孩子们内心深处的善良、本真，唤醒人性的真、善、美，引导孩子们向善、向上，这就是教育的真谛吧！

其实，时至今日，我也不知道这位同学是谁，我也不想知道他是谁。

玻璃虽碎，家校却圆

林雪雪

  记得 3 年前，我带的班级里有一位男生叫小奕，他个子很高，能说会道，学习成绩优秀，但就是比较贪玩，课余经常带领其他男生一起玩。有一次做值日的时候，他挥动着扫把跟几个男同学玩"三打白骨精"的游戏，只听"哗啦"一声，教室窗户的玻璃被打碎了，这引来了许多学生围观。我听到消息后马上赶到教室，对碎掉的玻璃进行善后处理，并随即对此事展开调查。几分钟后，事情的来龙去脉我基本上了解清楚了。我当即联系家长说明情况，并要求小奕明天买一块玻璃来安上。我量好尺寸，然后写在纸上交给他。

  第二天，小奕没有拿来玻璃，我就问他怎么回事，他默不作声，只是低着头，过了好一会儿才说："我妈妈说，如果便宜就去建材店买，不便宜就网购。"于是我就发信息给家长，家长只是回复："好的。"到了晚上 7 点 30 分左右，家长发来信息："老师，这两天我比较忙，没向孩子了解情况，请问是我家小孩把玻璃打碎的吗？"看到这样的信息，我再次打电话向家长表明我的立场：一是老师不会故意抹黑孩子；二是如果孩子的行为有问题，老师也有教育的责任；三是家长信任老师是孩子成长的保障；四是事情的经过就如我发的短信里所说的，没有半点儿虚假。电话里的她连连道歉。经常说自己很忙的她，第三天不到 8 点就扛着一块玻璃，在教室门口等我了。远远地看到家长站在那里，我的心里有一种莫名的感动，我想这就是作为教师最简单的幸福吧！简单寒暄后，我将最近小奕在学校的表现向她做了如实的反映：比较贪玩，上课时纪律性也比较差，上周又弄坏了学校的一块玻璃。她听后脸上愁容不展。就这块玻璃的事，我谈了我的想法。我说："其实，小奕尽管有些调皮，不过他平时挺爱帮助别人的，也经常帮助老师做一些事情，挺可爱的。说实在的，一块玻璃是小事情。不过，事情虽然小，影响却不小。通过一块玻璃，可以让他知道什么叫责任，对其他学生也是一种警示。否则，就没有纪律可言了，班就不成班，校也不成校了，您说呢？"她听完我的话，就向我解释了她头天没来的原因，并表示会配合学校，加强对孩子的教育，争取让孩子行雅正之举，做雅正之事。

在接下来的家长会上，我以匿名的方式分享了这一案例，目的是让其他家长都能正确引导孩子的行为，并引导家长积极回应老师的教育需求，及时化解家校矛盾。

家长会过后，小奕妈妈第一个给我发信息："林老师，特别感谢您的教育与包容，我和我家孩子都特别需要学习。我要学习您的育人之道，您能客观地评价孩子并坦诚地向家长指出孩子的不足，这一点我特别需要向您学习，从此以后我会更积极配合您，保持家校沟通更顺畅，让孩子成长无障碍。"

事情结束了，但这件事在教师与家长的沟通问题上也给了我几点启示。

第一，构筑信任平台，这是班主任与家长实现良好沟通与合作的关键与前提。与家长谈话，是教师和家长的双向活动，是语言、情感的双向交流。家长的为人、阅历、性格特征、心理因素等都会直接影响谈话效果。所以教师要以诚相待，取得家长对班主任的信任，这样才更有利于班级工作的开展，更有利于教育学生。

第二，以诚相待，用诚心架起沟通的桥梁。与家长沟通，讲究一个"诚"字。只有诚心诚意，才能打动家长，使他们愉快地与我们合作，才能有效促进家长科学地开展家庭教育，提高家庭教育水平。因此，班主任应用诚心架起教师与家长沟通的桥梁。

第三，讲究艺术。我觉得对待家长一定要有礼貌，平等看待家长，不能因为学生的原因而迁怒家长，否则，不但不能解决问题，还会使问题恶化；注意与家长交流时的表情，不能太过严肃，要有适当的笑容，这样气氛才能更为轻松，也有利于问题的解决；在谈到学生时，评价要客观、公正，这样才能取得家长的信任。而关于学生的问题，要想取得家长支持，可以先说该学生的优点，然后再转入正题，这样效果才更好。

作为一个和学生家长打交道这么多年的班主任，我深深感到一个成功的班主任必须要有圆融的教育智慧以及高尚的人格，要时刻为学生及家长着想，积极赢得家长对你的尊重与理解。家庭教育是学校教育的重要补充，二者配合得越默契，产生的教育合力就越大，效果就越显著。只有家校联手，我们才能把教育落到实处，使我们的孩子得以更健康地成长。

让信任之花隔屏绽放

王松枝

一场突如其来的疫情让这个春天如此特别：教师居家上课，学生在家学习，师生间只能隔屏相伴。这整天待在家里的日子，让每个人心里都不安。

我们一年级进行的是线上的阅读指导，阅读后孩子提交"思维导图""诗配画""朗诵诗歌""书法作品"，一周上交一次作品就可以。

连续几周，班里一个叫小蕴的女孩始终没交过作业。在我的印象中，她是一位乖巧懂事的小女孩，在学校，无论学习还是纪律她都不曾让我太过操心。可是现在，这孩子是怎么了呢？经过一番考虑，我拨通了她妈妈的电话。经过沟通我才知道，在疫情期间她每天都抱着"平板"玩游戏，一不让玩就又哭又闹，动不动就以不吃饭来威胁父母。父母实在没有办法，不得不由着她。

思考过后，我给小蕴拨打了视频电话。我想"面对面"的交谈也许能够更深入地和孩子沟通，方便解决问题。过了好一会儿，视频才接通。"王老师，您……好！"手机里传出她略显紧张的声音。我亲切地向她打了招呼，她才腼腆地笑了笑。我率先发问："小蕴，这段时间你怎么了？我最近没有见你提交过作业，你是遇到什么困难了吗？""王老师……"她的声音渐渐弱了下来，低下头不再说话了。我继续做思想工作："你以前不是这样的，以前的你做作业既快又认真，这段时间没见你交过作业，我有些难过，如果你信任老师，可以跟我说说怎么回事吗？也许我可以帮帮你！"从屏幕里，我看到她红了眼圈，不好意思地低下了头。

接着她告诉我，因为父母要上班，她一个人在家里无聊，就偷偷玩起了游戏。眼看到了交作业的时间自己还没有做，就干脆不做了。我没有批评她，而是静静地听完，然后和她分享了一些在家学习的心得，引导她在家中找些其他有意义的事情来做。

之后的一段时间，我时常微信询问她的近况。刚开始，她回复我说，自己真的想改正这个毛病，但偶尔还是会忍不住玩一下游戏。我肯定了她的进步，并鼓励她可以与妈妈一起制定每日时间安排表，以此监督自己。第二天她就把时间安排表发给我看。在孩子亲手绘制的安排表里，我不单单看到了她那坚定的决心，还感受到了她对我的亲近与信任。

渐渐地，她恢复了以往的学习状态，通过她提交的作业，我能够感受到她的改变。有一天，她还主动打电话给我，跟我分享这段时间她的宅家故事。这似乎是一件小事，但对于我来说，却是收获了一个孩子的信赖。何其珍贵，何其幸福！

有位教育家说过："信任是一种有生命的感觉，信任也是一种高尚的情感，信任更是一种连接人与人之间情感的纽带。"是啊，线上学习的这段时间，虽然教师与学生之间的距离拉远了，但教师也要选择信任孩子，信任他们有能力去改正自己的错误。这会让孩子们更加自信，更加独立。我相信信任带来的力量也能很好地被传递，就让信任之花隔屏绽放吧！

沟通，让家校"贴"在了一起

刘晓荷

经过一个寒假的学习，新学期伊始，我满怀激情地回到了岗位，正准备实施新学期计划，不料却被泼了一盆冷水。因为班上有几个同事的孩子，我一直知道家长们之间有个微信小群，天天非常热闹。因孩子们跟我相处还算和谐，我也自问尽心尽力，所以从来没有关注过"小群"里的信息。同为教育工作者，同事们都忙着带别人家的娃，"小群"的信息更是没空看。

说来也是机缘巧合，新学期开学第一周，同事说她无意中好像看到他们在自发组织订资料，让我关注一下。我顺手拿过她的手机瞄了一眼，却看到几句不对劲儿的言语，于是就细细地翻看起来。原来，有几个家长看到学校的微信公众号，发现我们班没有获得"优秀班级"荣誉，就在群里炸开了锅。恰逢我们班换数学、英语老师，家长们就更是意见多多，一时间都在微信群里说了起来。总结起来，大家有三点诉求，觉得换老师太频繁、觉得我们班不够优秀、觉得我跟家长的互动少。

说实话，一开始看到信息的时候，我是有点儿难以接受的。从一年级接手这个班开始，我自问是尽心尽力、问心无愧的。虽然不是优秀班级，但我们班也不算差。在学校基础型课程、拓展型课程上，我们班的表现都还不错。既然看到了家长的意见，就要想办法解决。我第一时间找到经验丰富的晓珊姐取经，想知道该如何解决这个棘手的问题。没想到晓珊姐了解事情后，做的第一件事不是帮我想办法，而是让我反思。她是这么告诉我的："我知道你是一个负责任的班主任，但家长的意见未必都是来者不善。她们之所以会有这些讨论，无非是因为她们对你不够了解。我们平时除了做，还要学会说。"

晓珊姐的"当头棒喝"，让我开始反思自己的家校沟通。虽然当了4 年班主任，但说实话，我还是有点儿害怕处理跟家长的关系。对于家长，我的态度一直是多一事不如少一事，很少主动联系家长，能自己解决的事情我都是自己解决。平时经常联系的，都是课堂上表现不太好、容易有小状况的孩子家长。而那些跟我交流少的家长，难免会觉得我不易亲近，甚至会对我有误解。

反思过后，我明白了沟通才是我们当下家校合作的重中之重。于是，我马上组织几个爱提意见、热心配合工作的家长来学校，跟老师一起真诚地谈一次话。

以下，是我们当时谈话的内容要点。

开场白：各位家长，今天请大家过来，是因为我们了解到"家长私聊群"的一些信息。说实话，刚刚看到这些信息的时候，作为老师，我是很难过的。但是我知道，我们的目标始终都是一样的，都希望"七彩童年"这群可爱的小朋友能成长得更好。所以今天特地约大家过来，请大家畅所欲言，相信开诚布公的沟通能解除我们之间的误会。大家在群里提到了几个疑惑：

第一，是关于优秀班级的质疑。我们上学期确实没有获得"优秀班级"荣誉，但这不代表我们班不优秀。比如，一个班级只有10 个三好学生，我们不能说剩下的 36 个学生不优秀，这样的评价标准太单一了。优秀班级的评比包含很多方面，比如流动红旗，按上学期的标准是年级前 6 名才可以获得流动红旗，哪怕已经拿到满分，缺少加分也不能获评流动红旗。对孩子们，我一贯的理念都是做好自己，不扣分即可，其余的不强求。另外一方面，我拿大家最在意的成绩来说。按照教育局和学校的规定，任何老师都不能在班级公布考试排名。但我们班成绩不差，在年级里属中上游。拿期末考试举例，我们班平均分是 97.6 分，跟最高分只有 1 分左右差距。"含英咀华""五个一"等活动表现也很不错。虽然说成绩不是最优秀的，但作为老师，我们都是尽心尽力，问心无愧的。

第二，是关于换老师的问题。其实上学期曹老师从怀孕以来，一直带着 3 个班，每天批改各种各样的作业，还担任 6 班辅导员，同时负责"阳光体育"课。她的劳累和付出，我们作为同事都看在眼里，学校提前做出调整，也是很合理的事情。我知道有的家长可能会觉得，为什么只换 7 班的老师，是因为曹老师还担任着 6 班的辅导员。而且我们班的辅导员卢老师也会在下学期休产假，先换 7 班的数学老师，有助于大家平稳适应。

第三，关于英语书没学完的疑虑。其实不仅咱们班没学完，上学期我们年级都没学完。因为按照教材设计，"模块十"本来就是自学单元，是供同学们自行学习取用的，这一点在英语书的前言里说得很清楚。

第四，关于家校互动。每个老师做事风格不一样，有的老师可能喜欢事无巨细一一反馈，有的老师则更喜欢点对点的有效沟通。无所谓哪种方法更好，也无从比较。我的做事习惯，是自己能解决的事情尽量不给家长们添麻烦。毕竟大家平时工作、生活中都有数不胜数的"群"，所以平时能不打扰大家的地方，我也不喜欢增加信息污染，而是喜欢把班级总结出的共性情况使用"班级日志"统一反馈，个别特殊情况则进行点对点的反馈。所以孩子没有特殊情况的家长，我可能会找得比较少。但正如我之前在家长会和"班级日志"上说的，如果大家有疑惑或建议，欢迎随时联系我。到学校来沟通或者在电话里沟通都没问题。如果我没接到电话，大家可以留言给我，我一定都会回复的。

当然，大家的想法我也了解到了。每位家长喜欢和适应的家校沟通方式都不一样，我们既然有缘相伴好几年，就应该好好磨合，找到彼此都觉得舒适的沟通方式。没有人可以做得完美，大家都有提升空间，但是，这个提意见方式我觉得应该是有效的。而各位在"家长群"当中未经调查就直接发布自己的负面想法，是不是也是一种不负责任呢？信任是相互的，如果大家都不信任、不支持我的工作，"七彩童年"怎么会成为一个真正优秀的班级呢，大家说对吗？

总之，无论之前发生过什么样的事，今天我开诚布公地把大家请到这里，就是希望当面把误会说清楚，也希望通过这次交谈，能把我们的误会和负能量留在昨天。接下来的日子里，"七彩童年"要继续成长，还是需要我们家校的共同努力。以后有什么疑惑和建议，我希望大家大大方方地来找我当面交流，我一定会尽我所能给大家一个满意的答复。同时，我也希望大家能真正地信任我。毕竟，我们都是真心诚意地希望"七彩童年"的孩子们能变得更好。只有我们一起努力，才能达成目标。

会议开了足足3个小时，大家都聊到天黑了。经过这次敞开心扉的沟通，教师与家长之间的误会解除了，家校之间的距离"贴"得更近了。感谢这次小意外，让我不再害怕处理与家长之间的关系。

点亮一盏灯

叶淑芬

苏霍姆林斯基曾说过:"教育的效果取决于学校、家庭的一致性,如果没有这种一致性,学校的教学、教育就会像纸做的房子一样倒塌下来。"每一位教师都是一位点灯人——进行家校沟通就像在点灯,良性的家校沟通,既点亮了学生不断争取进步的步伐,也点亮了家长坚定教育的信心。

一、发现熄灭的灯盏

时为9月,新生入学,教师忙碌,父母焦虑。我是一名一年级的班主任,自9月开学,我就开启了一段点灯之旅。

在拿到班级学生名单后,我第一眼就关注到了小彬——他的"民族"一栏填写着"朝鲜族"。朝鲜族的孩子,他能适应汉语课堂吗?带着这样的疑问,我开始了对小彬的关注。开学不久,我就发现小彬的课堂状态不对劲:当其他孩子都沉浸在课堂中时,小彬则呆坐在座位上,时而眼神空洞,沉默玩手,时而张牙舞爪,做一些意义不明的动作。我与小彬聊了几次,但他的课堂状态依旧没有改善。

为了能够了解小彬这些表现背后的原因，并找到对应的解决办法，我与小彬妈妈开始了沟通。像往常一样，我先与小彬妈妈进行了线上的交谈。我采用先扬后抑的沟通方法，先对小彬近期表现好的方面表示了肯定，然后再将谈话的中心转移到小彬需要被关注的两个方面——课堂状态不佳、不会写自己的名字。

听到我反馈说小彬还不会写自己的名字，小彬妈妈回复道："放假让他写了 5 张姓名帖，都是描红的那种。他并不用心，专注度也不好。给您添麻烦了。都是妈妈没有教育好。"看到小彬妈妈的回复，我眉头一皱——这个回复未免过于客气了。为了打破这层客气感，我主动出击："别这么说，孩子每天都在成长，我们一起努力，小彬很聪明，我们一起帮助他。"没想到，这一回复却开启了小彬妈妈客气感的魔盒。小彬妈妈接着说道："看到了孩子太多不足，作为父母我们非常惭愧。小彬的不足及需要改变的地方，您不用顾及我的感受，可以直接讲，没关系的，我都可以接受的。孩子就像照妖镜一样，孩子的不足，全部都是父母的缺点。""给您添麻烦了""都是妈妈没有教育好"……小彬妈妈的回复让我感觉到了一种从未有过的客气，这种客气中带着一丝忧郁，吹熄了那盏照亮小彬的教育之灯，但这种客气中还藏着一份希望，让我有了重新将之点燃的信心。与小彬妈妈的第一次交流结束后，我的点灯之旅开始了。

怎样才能帮助小彬解决问题呢？思来想去，我终于找到了答案——点燃家长的教育之灯，照亮孩子的教育之路。那么，如何点燃家长的教育之灯呢？答曰：建立良好的家校沟通，为教育之灯注入爱的燃料。明晰了自身的目标后，我走上了我的点灯之旅。

二、注入爱的燃料

漫漫点灯路开启了，我带着一颗真心、一份热忱与一些方法"走"向了小彬的妈妈，开始了与小彬妈妈的每日交流。渐渐地，小彬妈妈与我之间的客气感消除了，我们之间开始建立起一座名为"信任"的桥梁。那段时间，孩子们开始学习拼音了，以朝鲜语为常用语的小彬在拼音学习上稍显吃力，由于跟不上，他在课堂上的状态也更差了。

某天回家后，小彬妈妈陪着孩子复习，然而让她头疼的是，小彬居然一个拼音都拼不出来。于是，小彬妈妈向我求助："今天做拼音作业，小彬不会。是不是他不听老师讲课呢？家里人基本都是讲朝鲜语，这个环境导致孩子中文解读能力不是很好。通过阅读，是否可以提高他的解读能力呢？"从小彬妈妈给我发信息时所配的表情，我能感受到这位妈妈因为缺失教育方法的无助与焦虑，同时我也感受到她对作为老师的我的信任。于是，我耐心地一步一步教她怎么做。针对小彬生活在朝鲜语环境中这一情况，我向小彬妈妈提出了两个建议：一是创造中文语言环境，平日使用中文与孩子交流；二是引导孩子多表达，说说自己今天遇到的高兴事，促进亲子交流。小彬妈妈听了我的建议后，对我进行了一次"忏悔"——头天晚上陪孩子学到很晚，中途还把孩子弄哭了，小彬妈妈觉得是自己没有引导好，对此，她意识到自己在教育方法上的不妥，所以她决定不断努力，克服困难，帮助孩子重回正轨。看到小彬妈妈表述中的"引导"二字，我的心中荡漾起一阵欣慰，因为我看到这位焦虑且忧郁的妈妈心中的那盏灯开始发出点点微光了，因为她不再自怨自艾，而是摆正了心态，下定决心要成为小彬这片麦田的守望者，这份决心与爱化作了燃料，一点一点地流入教育之灯的中心。

三、点燃教育的明灯

我和小彬妈妈每天都有交流，她会与我分享她和小彬的互动与趣事，向我诉说她的不解与困惑，我看到小彬妈妈的教育之灯重新燃起了光芒。

9月下旬的某天上午，小彬妈妈与我分享了她和小彬的交流点滴："叶老师，昨天我下班回家，跟孩子聊天，让他说说在学校发生的有趣的事情。小彬说了很多他在学校发生的趣事。他很高兴！晚上做作业的时候，小彬担心我会生气，我就跟他拉钩，并表示即使他没做好，妈妈也不生气。整个做作业的过程，气氛很和谐。小彬突然非常兴奋地跟我说：'妈妈，我昨天完全不会拼音，死记硬背，今天我找到学习方法和技巧了，只是慢些而已。'我想，应该是每次做作业我都让孩子有压迫感，让他精神紧张，无法放松地学习，所以他才不能发挥自己的学习能力。叶老师，昨天你让我放慢脚步，听到这句话后，不知道为什么，我心里震了一下。按照您讲的去做后，孩子真的非常高兴，学习很快乐，很主动。我应该允许孩子犯错，让孩子从错误中总结经验。之前我一看到孩子犯错，心里着急，就会说一些让孩子不安和紧张的话，以后我不会了。"听到小彬妈妈的分享，我心头一悦，高兴地告诉小彬妈妈："小彬妈妈，听到你这么说，我觉得很高兴！我们放慢脚步吧，小彬可以的！我发现您在跟孩子相处方面有改善了，父母的陪伴很重要，我们一起努力！"我肯定了小彬妈妈的做法，也用言语鼓励了她，人都是需要鼓励的，我们的家长亦是如此，通过良性的沟通，我和小彬妈妈建立起了信任的桥梁，同时，小彬妈妈也用自己的行动重新点燃了教育之灯。

当家长燃起教育之灯，孩子的教育之路就会被照亮。在小彬妈妈和老师们的共同努力下，小彬的学习状态有了改变：课堂上，他的专注力维持得更久了，有时候还会勇敢地举手，争取机会表达自己的想法，同时，小彬还会写自己的名字了，他的书写也越来越好了。小彬心中那盏争取进步的灯，亮起来了。

　　看着小彬和小彬妈妈的改变，作为一名点灯人，我深感欣慰。在孩子的教育问题上，家长和教师就像是两股风，孩子就是海上的帆船，只有两股风朝着同一个方向吹，帆船才会朝着同一方向快速前进，若两股风对着吹，帆船则只能在原地打转，甚至沉入海底。唯有通过良性的家校沟通，教师才能走进家长心中，才能点亮教育合伙人的教育之灯，从而照亮学生的教育之路。

小"官职"，大显效

卓琳娜

"眼保健操开始了……"每天上午第二节下课铃一响，小安和小舒就熟练地准备好红花贴纸，迅速走到岗位上执行任务——监督同学们做眼保健操，表现好的奖励一朵小红花。

自从有了两位得力的小助手，课间的眼保健操便不再让我操心。看似小小的"官职"，也渐渐改变了孩子。

上学期，小安给我留下了深刻的印象。小安的小脸蛋特别白净，笑起来十分帅气，是大家公认的"小王子"。但更多时候，他不苟言笑，总是耷拉着脑袋，稚嫩的脸上写满了忧愁。

那天早上，他在上学的路上发现自己忘带书包了，后来因回家拿书包的缘故，最终迟到了。自尊心很强的他，哭着不肯进教室。他的家长提前跟我说明了情况，所以，当看到他站在教室外面哭泣的时候，我到他身边蹲下来，牵着他的手关心地说："小安，卓老师知道你也不想迟到的，是因为今天忘了带书包，才浪费了宝贵的时间。老师相信你下次一定能提前准备好，检查好学习用品再出发。对吗？"他闭上眼睛用力地点头。我摸摸他那微微冒汗的小脑袋，牵着他的手边走边说："别担心，下次改正就可以了，现在同学们都在等着你，我们一起进教室上课吧！"进教室时，我提醒孩子们用掌声迎接他："欢迎小安回来！"更有几个女孩子主动走上前来帮他打开书包整理学具、放好书包，还帮他擦眼泪……小安的心情也终于平静下来，做好了上课的准备。

这一切，我都看在眼里，孩子们的表现令我感动，这是一个多么温暖、有爱的集体！我相信小安也一定感受到了，或许只需要一个良好的契机，便可以推动他更好地融入班集体。

我细细思忖着，在脑海中把班里现有的"官职"翻了个遍。对于小安来说，他不善言辞，办事、写字速度处于中等水平，不适合担任组长之类的职务。综合考量，我发现课间眼保健操的环节只有一个带头做示范的班干部，以往总会有孩子出现"偷工减料""挤眉弄眼"的现象，老师一旦走开，更加没法儿管理。那么，在此基础上可以添加两名"眼保健操监督员"，一人分管两大组，用红花激励孩子们养成自觉做眼保健操的好习惯。于是，我在班上提议，让小安和另一个性格比较腼腆的女孩——小舒一起担任这一职，大家都全票通过。之后，每当眼保健操的音乐响起，他们俩便拿着红花站在岗位上，认真观察、督促、奖励同学。从起先的紧张、拘谨，到最后的自信、积极主动，他们的成长大家都有目共睹。由此引申到语文课堂上，我欣喜地发现，小安的状态由原来的不参与转变为积极举手发言，甚至敢于挑战自己，争先上台展示朗诵。要知道，上学期开学第一天，他曾哭着拒绝上台做自我介绍……

小安的父母也感动于孩子的进步和成长，并发了很长的短信向我表示感谢，也许，这就是作为教师最大的成就感吧！

高尔基曾说过："谁最爱孩子，孩子就爱他，只有爱孩子的人，才可以教育孩子。"爱每个孩子，关注每个孩子，给予他们足够的爱心和耐心，这便是最好的教育。我会细心呵护孩子们的心灵，努力在无声中唤醒其内在的强大力量，并鼓励他们做勇敢的攀登者。

一个钥匙扣的故事

余惠红

    每当拉开抽屉，看到那个紫色毛茸茸的钥匙扣，我就会想起那一天……

    那是一个下着细雨的上午，孩子们刚刚上完体育课，当我来到办公室门前，刚好碰到了我们班的小晨同学正被两位同学搀扶着缓缓前行。我迅速前去了解情况，得知孩子是肚子痛，我以为是孩子刚上完体育课激烈运动后的反应，想着只要到医务室处理一下就好了，于是我交代了几句，告知孩子处理的办法，然后就离开了。没想到过了十几分钟，办公室的一位老师急忙跑过来告诉我，我们班有一位女生在楼梯上走不动了，看起来情况有点儿严重。听到这个消息，我马上跑到现场，只见小晨痛得腰都直不起来，头上满是汗珠，坐也坐不稳了。我意识到情况的严重性，站在旁边的两位老师连忙上前帮忙搀扶着孩子，在刘副校长协助下，成功联系到小晨的妈妈，并告知她孩子的情况。此时另一个问题又来了，小晨的妈妈没有车，不能来学校接孩子到医院，于是我决定自己开车把孩子送去医院，并且在途中接上小晨的妈妈一同前往。

    在赶往医院的路上，天公偏不作美，雨水由开始的蒙蒙细雨转为黄豆般大小，最后再到倾盆大雨，这让车窗一片朦胧。我一方面要掌控方向盘，另一方面还要顾及坐在后排的小晨。这时她的表情异常痛苦，豆大的汗珠从她头上滚滚落下。我取下两张纸巾递给孩子擦汗，并鼓励她："小晨，余老师知道你很勇敢的，一定要坚持住！我们很快就可以见到妈妈了，妈妈就在前面等我们，我们接上妈妈，就一起到医院找医生叔叔帮忙，你就不痛了。先擦擦额头的汗吧！"懂事的孩子吃力地向我点点头，然后一手捂住疼痛的肚子，一手接过我递来的纸巾。"要不尝试轻轻靠在椅子的靠背上，看这样会不会好点儿？"我说。孩子可能已经被疼痛折磨得没有力气了，只见她闭上眼睛，靠在靠垫上。看到这种情景，我就没有再说话，让她稍作休息。接到小晨妈妈后，有了她照顾孩子，我紧张的心情稍微放缓，又急忙往医院的方向赶。

到医院后，我和小晨妈妈分工合作，小晨妈妈负责办理相关的登记手续，我就带着孩子到急诊科等待医生的检查。在等待 B 超检查时，我看到孩子痛苦的表情，就向医生提出优先给小晨检查，幸好得到了院方的同意，于是安排小晨优先做检查。在检查的过程中，孩子因扫描仪触碰身体所带来的疼痛，不时发出痛苦的嚎叫或低声的呻吟，只见她紧握拳头在病床上翻来覆去，很是难受。为了配合医生的检查，我和小晨妈妈一人负责按住小晨的上半身，一人负责按住她的手脚。我紧紧握住小晨的手，一边轻声安慰、鼓励孩子，一边用纸巾帮小晨拭去眼角的泪珠。这时旁边的医生不由地问："请问您是孩子的什么人？"我说："我是孩子的班主任！"此时，检查的医生很诧异地说："现在的老师就像孩子的父母，真好！"接着他又详细询问了孩子的病情，结合自己的临床经验，初步判断孩子可能患了"腹疝"，急需与外科医生会诊并马上进行手术。这样的消息让在场的我们都被吓到了，小晨妈妈急忙联系了小晨的爸爸。接下来我们就按照医生的指示，逐一去科室找相关医生进行诊断，最后决定让小晨留院观察。好不容易熬到了中午，孩子的父亲也赶到了医院，我协助他们办理了入院手续，找到病床安顿好小晨，才离开。

那天回到学校已是中午 12 点多，早已过了午餐的时间，这才想起与我有约的儿子仍在办公室等我。回办公室后我才得知，热心的同事已帮我安顿好孩子的午饭。那天我既愧疚又感激，因为我当了尽职的老师，却又当了一回失职的母亲。

感到欣喜的是，那天下午我们正在上课时，突然见到了神采奕奕的小晨被爸爸带过来了。她微笑地看着大家，她爸爸高兴地告诉我，孩子已经没有事了，经过休息没有出现上午的情况，而且也排除了"腹疝"的可能性。班上的孩子此时不由得鼓起掌来，那掌声热烈而持久，仿佛在欢迎小晨归队。小晨在大家的掌声中高兴地回到了自己的座位。

那天晚上，我接到了来自小晨妈妈的微信："余老师，小晨已经完全康复了。今天麻烦您了，冒雨送我们去医院，还忙前忙后，非常感谢您！"我看到这个消息，心里油然而生一种幸福感，一种来自教师工作的幸福感。

在结业典礼那一天，小晨亲手送给我一个她最喜欢的紫色卡通钥匙环扣，并开心地告诉我："余老师，谢谢您！这是我最喜欢的钥匙扣，我把它送给您留作纪念，我会好好学习来报答您的！"至今，那个钥匙扣还留在我的抽屉里。

孩子把自己最喜欢的钥匙扣赠给了我，意味着她把她的爱也给了我，这不仅是一次纪念，钥匙扣还把我们师生间这份美好的情谊紧紧地扣在了一起。

作为班主任，爱在左，责任在右。你遇到的孩子，也许是你教育生涯里的千分之一、万分之一，但你在他们某一个生命历程中就是唯一。让我们走在生命之路的两旁，随时撒种，随时成长……

哭声里的秘密

叶云霞

记得 9 月开学的第一天，她一脸愁云，我问她是哪个班的，她一声不吭，一年级的几位老师轮番跟她说话，她才说出："一（1）班"。为了尽快认识她，我立即与她的妈妈进行沟通，这才知道她叫小雯。9 月 1 日开学了，她被她的妈妈硬拉到学校门口，老师们哄着将她带进教室，小雯站在教室门口哇哇大哭，就是不肯进教室，我抱着她说："你要是不哭，老师就把糖果送给你。"没想到糖果的作用也很短暂，我轻抚着她的头发，她还是号啕大哭，没有跟我说一句话。我趁她一不留神，把她带到座位上，但她回过神来还是继续哭泣，任凭我说什么她都不理会。班上的萌娃们都要拍一个特写，轮到她，为了拍她微笑的样子，我使出浑身解数，最后她终于扬起了嘴角，我火速抓拍了一张，这可费了好大的功夫。

第二天上学，她站在校门口还是不肯进来，妈妈"狠心"地把她交给值日老师，老师们想尽各种办法把她硬拉到我身边，看着她红肿的双眼、满脸的泪水，我俯下身来用纸巾擦拭她的泪水，她的哭声开始停歇，神情也缓和下来。班上的小萌娃们开心地唱着班歌，庆祝自己成为一名小学生。我把她放在腿上，拿出手机跟她拍了一张合影，只见她耷拉着眼皮，哭丧着小脸，嘴里不停地喊着妈妈。这是一颗怎样悲伤的心灵？我要怎样做才会让她开心呢？我理了理思绪，用孩子样的语气说：
"小雯，你别哭，你看你笑起来的样子多好看啊！"我翻开她微笑的照
片，只见她头上立着两个像小犄角的小辫子，露出 8 颗整齐的小乳牙，
眼里闪着光芒。她瞅了一眼，我划了一下手机，让她看到自己哭闹的样
子。我好言相劝："你笑起来真好看！老师就喜欢你的微笑。你现在是
一名小学生啦，幼儿园的小朋友才是整天哭闹的呀，来，笑一个！"她
终于停住了哭泣。等她平静下来，我将她带到班里，当她独自哭泣的时
候，我会叫旁边的同学主动找他玩。班上几个机灵鬼，一下课就跟她套
近乎，起初她只顾着哭，后来就玩到一起去了。

可是，在孩子们排队进教室的时候，一个男生的手指不小心戳到
她的眼皮，导致她在音乐课上一直哭闹，音乐老师无计可施，只好把她
送到我这里来。我把她抱在怀里，让她慢慢讲述原因，当她宣泄完情绪
以后，我让那位同学向她道歉，她的情绪才平静下来，但哭声还是时断
时续。这时我对她说："你哭的样子没有那么好看了哦，其实你不用哭，
老师会帮助你的，因为笑起来的雯雯最好看！"话音刚落，她就停止了
哭闹，我连忙竖起大拇指。

事后我把孩子的情绪问题反馈给家长，通过多次的沟通与了解，她
的成长经历浮现在我的脑海里：因为爸爸妈妈工作忙，很少陪伴在小
雯身边。上幼儿园两年，她每天都不肯上学，哭闹更是家常便饭，老师
们都特别爱护她，但她还是喜欢哭，只要一离开家就会哭。现在，她把
这种情绪从幼儿园带到小学。每天早上起来第一句话就是："妈妈，我
今天可以不上学吗？"在上学的路上，她的情绪十分低落，不断对妈妈
说："你开车慢点儿，我不想和你分开，我不想上小学。"到了校门口，
下车的瞬间更是崩溃，她竭力哭喊着："我不要和妈妈分开。"

回想起小雯一声声的哭诉，我的心都要融化了，因为父母繁忙，孩

子缺少陪伴，她才会借助发脾气、哭闹来寻求父母的关注。对于这种原因造成的哭闹，父母要引起重视，在孩子听话的时候，要适当地肯定孩子，这样，孩子的内心才会充满安全感。读懂了哭声里的秘密，我决定从她父母思想观念的转变开始，形成家校同盟，帮助孩子适应小学生活。

开学后的第一周，我邀她的父母到学校坐下来深谈，为这一对无助、焦虑的家长建言献策，我们终于达成了一致：她的父母每天按时下班，多一点儿时间陪伴孩子。如果孩子情绪上来，父母不能一味地迁就和退让，要积极引导孩子融入新的环境，让她知道哭闹是解决不了问题的，遇到困难可以向父母、老师求助，但不能哭闹；遇到了困难主动解决，才会有奖励。比如，如果她今天上学不哭，放假就带她去动物园。尝试用她感兴趣的事去奖励她，让她可以开心上学……

要想倾听小雯内心的声音，就需走进她的心灵，我深知肩上的责任更重了。当她再次哭泣时，我会俯下身来给她一个亲密的拥抱；当她向我求助的时候，我会点头赞许，耐心引导；当她认真上课时，我会投来会意的微笑，给予一个肯定的眼神；当她孤独时，有同学陪伴左右；当她害怕时，有老师、父母的守护。渐渐地，小雯感受到了来自周围的爱。

在她入学的第三周，我收到了孩子妈妈的感谢信："亲爱的叶老师，您好！开学以来的两个多星期，每天看着她这样抗拒上学，我真是五味杂陈。在我担忧又苦恼的这两个星期里，突然有一天，我发现她不提不上学这个事了，早上还主动问我，今天上课的书都带齐了吗？甚至开始跟我聊起了学校里的事。到校门口下车前，她主动先背好书包，戴好口罩，偶尔还跟志愿者姐姐、阿姨们问好。最让我感动的是她做作业、看书时端正姿势，比起以前她变化太大了。现在她的学习有点儿跟不上，作为家长的我指导太少。您每周都主动跟我联系好几次，针对她的在校情况和学习情况详细地跟我分析。我才意识到，老师关注她比我这个家长关注还多。对于小雯这两三个星期的进步，作为家长，我深深感受到老师的用心。以后，我也该放放手中的工作，积极参与到孩子的成长中来。非常感谢您悉心的呵护与指引！"

　　开学一个月后，由于表现积极，她获得了4张雅正卡，按照班级的奖励制度，她荣获了雏鹰金奖，教室里响起了热烈而持久的掌声，小雯双手接过金灿灿的奖杯，嘴角上扬，喜上眉梢。此时，孩子们随着音乐一起唱起了班歌："你笑起来真好看，把所有的烦恼所有的忧愁统统都吹散；你笑起来真好看，像春天的花一样……"在这个默契而感动的时刻，一份温馨的奖励是莫大的肯定！教育从倾听开始，当你俯下身倾听并认真回应孩子的声音时，你就拥有了擦拭星星的能力！

我和"月牙船"的那些事

姚 婷

我喜欢"月牙船"（班级名字），一个学期结束了，我也该用笔记下我和"月牙船"的那些事了。

一、第三只耳朵

开学第一天，一个妈妈久久站在教室外面，默默地看着教室里，眼神透着淡淡的忧伤，于是我走出去和这位妈妈沟通。原来她的孩子在一年级（9）班——"月牙船"，名字叫小俊。小俊和别的小朋友不一样，他需要人工耳蜗来帮助他听到外界的声音。妈妈特别担心他受到同学的排挤，也担心别的小朋友碰到他的耳朵。我轻声安慰这位妈妈："您先回家，我会帮助他的！"送走了他的妈妈，我就开始思考：如何让这个孩子融入班级？如何让其他的孩子不碰他的小耳朵？

于是我开始暗暗关注这个孩子，利用手机拍下他在学习和午休时的照片，并做成PPT。第二天我走进教室，让每个孩子从书包里拿出自己的语文书，放在课桌上，但是不能用手。孩子们嘀咕道："这怎么拿啊？没有手，干什么都麻烦，真的很困难。"我顺势问："那我们应该怎样对待身体有缺陷的同学呢？"我借机播放小俊的照片，放大小俊的优点，让孩子们去认识他的第三只耳朵。我告诉孩子们，这只耳朵不能摸，一旦损坏，小俊就听不到任何声音了。

一个学期下来，我没有接到小俊的任何"投诉"，孩子们在"月牙船"学习、生活得十分开心。

二、感恩的糖果

元旦前夕，有位热心的家长给孩子们送来了糖果。以往，我都会直接发给孩子们，但是这次不同，我很好地利用了这盒糖，让他们学会了感恩。

在周三道德和法治课上，我设置了3个环节。

第一个环节：拥抱温暖。我让孩子们主动和组内的成员握手，感受温暖，并分享自己的感受。

第二个环节：每人两颗糖果，送给你想要感谢的人，还要说出感谢的理由。孩子们畅所欲言，就连平时沉默寡言的正杰、剑睿、思予都高高地举起了小手想要发言，他们想要感谢的人似乎很多。正在这个时候，一个声音传来："我想送给老师。"我说："那我采访一下这位同学，你感谢老师的原因是什么？"许多孩子一起说："老师，您每天站着给我们上课，辛苦了！"

第三个环节：互送糖果。子康第一个跑上前把糖果送给了我，接着，陆陆续续近20个孩子把糖果送给了我。其实有些孩子也很难抉择，因为他们手里只有两颗糖。我看到仁轩一直盯着手里的糖果，很是犹豫，我走上前去，只听孩子低声说："我想送给姐姐、爷爷，还有爸爸、妈妈，也想送给您，可是我只有两颗。"我摸着他的头，轻轻告诉他："我知道你想要送的人很多，你都很爱他们。那么，你问问自己的心，它会告诉你最想送给谁，然后你就把它送给谁！"坐在旁边的梦琪一听我这么说，高兴地说道："我想到办法了，可以把糖果分成 4 份，这样就可以送更多人了。"

第三节课下课了，我刚一走进教室坐在讲台上，平时很黏我的闻谦就凑到我跟前，对着我的耳朵小声地说："姚老师，我实在忍不住了，可不可以吃一颗？"我憋住笑，一本正经地说："那你不想送给最想感谢的人啦？"他吐了吐舌头，不好意思地跑了。第四节课下课了，我问闻谦："是不是还想着吃糖果呀？不过，其实你也可以吃，但得找到一个感谢自己的理由。""那我要感谢自己，现在不用妈妈喂饭了。"说完他高兴地吃了一颗糖。

我把这节课记录下来，取名为"感恩的糖果"，并与家长们一起在微课"掌上通"上分享，拉近了我和家长的距离。

像这样的故事还有很多很多：我和孩子们在语文课上走进"三味书屋"，在品德体验课上参观了学校有新变化的地方，我们一起去操场上找含羞草……

在全人教育的理念下，很多孩子都发生了改变，我也因此不断收获着幸福。我深信，在和谐的师生关系中，美好的教育已经发生。

家校对话

陈小燕

一、俊儒爸爸：《家校联系本价值有多大》

今天是儿子小学第一个学期的最后一天，明天就放假了。翻开班主任专门为孩子们印制的家校联系本，一页页品读自己和儿子以及老师在本子上写的那些文字时，我内心有一些踏实感，家校联系本上的行行文字记录着孩子5个多月来所走过的路，这也是在某个维度上家长和教师的一个阶段性教育历程的记录。

家校联系本分为"作业登记""家长心语""我的心语""班主任心语"等几个模块，每个模块都有各自的功能。比如"作业登记"模块，是让孩子把教师每天布置的作业完整如实地写下来，实际上，它是孩子能力的体现。我见过很多十四五岁的孩子还不能很好地胜任这项工作，他们要么经常抄漏某些项目，要么忘记把相应的书本带回家，这实际上是一种缺乏自理能力的表现。而教师从一年级就让孩子自行抄写作业，这是对孩子专注力和整理能力的一种锻炼。如果教师为了减少一些麻烦，可以很简单地把作业通过网络发给每个家长，这样虽然省力又省心，但同时也剥夺了孩子锻炼自己的机会。我儿子有时会把作业登记得歪歪扭扭，字也写得很大，甚至还抄错字，但这样做正好给他提供了一个及时纠正、提高他注意细节能力的机会。教育中事事都是细节，但都不是小事。当他能够做到完美地抄好教师所布置的作业，并能在抄写中布局合理、字迹工整时，他收获的不仅仅是一种能力，更重要的是一种做事的品质。

"家长心语"模块留给家长大概不到三句话的空间。但这小小的空间却承载着教育的使命。其实这就是教育中所说的"共写"活动，这种交互书写，可以增进家长、教师和孩子之间对彼此的理解，还可以消除三者之间的隔阂，能够把正面的能量通过书写的方式在彼此间传递，更能促进家校之间的相互合作与和谐。如果能坚持把这种书写做到极致，成长的不仅是孩子，还成就了一种家庭的书写文化。作为中学班主任的我，曾经在一个学期的 20 周内，每周给家长和学生写一封长达 1000 余字的信，让学生周末带回家和家长共读，然后周日再带回学校反馈给我。但到了第二个学期，我没有坚持下去，其实不是我偷懒，而是每当我收回信的时候，大多数家长长期没有任何留言，我们之间没有形成一种和谐的沟通，有谁愿意在这种冰冷的感觉里找寻呢？所以后来我放弃了。其实在"家长心语"栏回应老师是一种礼节，也是对孩子的引导，更是一种家庭书写文化培养的载体。

"我的心语"模块是留给孩子的空间。这个学期基本都是儿子口述，我书写。这样一方面是因为他写字速度慢会占用很多时间，另一方面是因为他的字太大，写不了两句话就满满一页，浪费空间。我认为这个模块的价值在于对写作的前期铺垫，是一种让孩子从口语到书面语自然过渡的训练机会。每天写一句话，这句话就源于孩子自己的生活，把它记录下来，偶尔拿起来品味一下，引导孩子慢慢尝到写作带来的精神愉悦，我想将来学习写作的时候，孩子起步自然会流畅一些。

联系本中每天要记录孩子回家看的一本书，要求孩子每天看 15 分钟的课外书。阅读的意义，对于一个人的成长，对于孩子发展潜力的蓄积，尤其是对于孩子精神的发育已被充分地认识到了，因此我们需要引领孩子进入书香世界，同时把这种引导行动落实到每天的阅读中，实际上这非常需要家长的耐力。我发现很多孩子到了中学阶段并没有喜欢上看书，这不是因为孩子不知道读书的重要性，而是在早期并没有得到持之以恒、细致入微的引导。这15分钟的读书要求如果真做到了，效果一定是不错的。我认为15分钟仅仅是最低要求，也是对家长的要求，因为孩子早期的阅读首先是从亲子共读开始的，教师的要求实际相当于把这种持续的阅读行动以一种坚决的态度固定下来。我每天都要求儿子先自己读一个故事，然后讲给我听，作为奖励，我会给他朗读一个他自己选择的故事。只不过，我远不能达到孩子老师朗读的水平，经常会被他提醒要读得"有气味"。我很想用这种温暖、且没有痕迹的方法让孩子掌握阅读这一人生中最重要的学习武器。

我曾经读过家庭教育学者张文质的一段话："我认定在家庭之中核心的文化就是父母陪伴着孩子成长，在有爱、有鼓励、有帮助的地方，即使生活学习很艰辛，生命照样可以很健全、很健康。"陪伴孩子一起读书学习，一起聊学校里的、班级里的事，一起写好家校联系本，就是对孩子最好的陪伴。

二、小燕老师：《家长越用心，教师越用心》

俊儒爸爸，拜读了您写的《家校联系本价值有多大》后，我感动不已！您对家校联系本上每一个栏目设置的目的理解得如此到位，除了来自您的教育智慧之外，更让我感动的是您对孩子教育的用心。您是一位让我敬佩的好爸爸，也是一位有思想的好老师！我常常跟孩子们说，你们的优秀，不是因为老师教得好，而是因为你们学得好，更因为你们的背后有一对优秀的父母在关心、帮助、辅导、指引你们。俊儒就是这样一个优秀的孩子，用"品学兼优"来评价他一点儿也不为过。我很喜欢这孩子，他的优秀来自他的家庭。说实在的，担任一年级语文老师兼班主任，有时上午上3节课，下午上天天练、阳光体育课，还要安排孩子们放学，指导他们做卫生等，有时真的很累。但不管多累、多忙，每天我都会坚持批改家校联系本，因为我很看重这一项作业。每当看到家长们在"家长心语"一栏写得满满的与孩子交流的情况，我能感受到家长朋友对我的期望与信任，我就会更加有动力去教好孩子，并努力地用自己的智慧和能力帮助他们快乐健康地成长。我很看重孩子的课外阅读，课堂上老师能教他们的真的太少了。我认为，如果孩子们获得的知识有10分的话，那么3分来源于课堂，7分来源于他们的课外阅读。一个孩子，当他真正爱上阅读的时候，他的教育才真正开始。如果我们家长、教师能持之以恒地培养一个孩子每天阅读的习惯，那我们的教育便成功了一大步。所以每天15分钟的阅读就是一个底线，现在班上有些孩子每天的阅读时间会超过40分钟，有时候甚至在一小时以上。在不影响孩子休息的情况下，鼓励孩子多看书、与孩子共读，这就是给孩子最好的教育。我也有遗憾的地方，就是不能一一在"班主任心语"那一栏写上反馈。我只能每天就家长反馈的一些特殊情况，直接找孩子面谈来解决问题。没有特殊情况的我就直接打个"A"，以此来表示：我已经看过，您做得很好，很用心，我已经感受到了，我会用心教好您的孩子。

说心里话：家长越用心，教师越用心。最后，我希望家长朋友们把孩子的家校联系本保管好，装订起来，并取个有诗意的名字保存起来。等孩子长大了，作为一份珍贵的礼物送给孩子，我想孩子一定会感激您的。

理性的沟通最有效

李泳仪

一年级的小孩子天真、纯洁，还不会处理人际交往中出现的问题，所以，家长与教师的引导是否恰当，将会决定他们以后的交往关系。对于孩子的问题，家长与教师之间如果想进行有效沟通，理性的情绪才是关键。

一天上午，小明胡乱翻动了小天的数学书，因为没有经过小天的同意，小天就打了小明的后背一拳。我检查了小明的后背，没发现明显淤青及伤痕，便电话联系小明的妈妈，告知小明的伤势及事情的大概。

因小明一直说后背很痛，我建议小明妈妈先带小明去就医。她则表示孩子之间的打闹可以理解，问题应该不大。挂断电话后，小明妈妈微信问我能否告知打人学生的名字，她将教育自己的孩子以后不要跟有暴力倾向的小朋友一起玩，同时表示自己从小就教育孩子，不管在哪里，不是自己的东西都不要碰。看到信息，我马上再次联系小明妈妈，表示不应该因为今天的这起矛盾就给另外一个孩子贴标签，说他有暴力倾向，而且现在才上小学两周，若以后两个孩子都不在一起玩，那六年的小学生活该如何交往？

可没想到小明妈妈听了我的话之后便开始哽咽，随即把电话给了小明的爸爸，小明爸爸表示今天发生的事情让他很生气，三年的幼儿园生活都没有出现小明被欺负的情况，为什么一上一年级孩子就会被打？他相信自己的孩子虽然不机灵，但绝不会主动去招惹别人，同时质疑我在整件事情中一直偏袒打人的孩子，因为我始终没有告诉他们打人孩子的名字。小明爸爸反复强调自己的孩子表达能力不强，在表述事情原委的时候会占下风，导致老师产生先入为主的想法。听到这里，我也有一些情绪了，根据多年的班主任经验及处理矛盾的经验，我一直秉持着孩子健康第一的原则，因孩子一直喊疼，而外表看不到伤痕，我才急切建议家长先带孩子就医，却反遭家长质疑。

我强忍着内心的委屈，从家长的角度思考：我也是一个孩子的妈妈，试想，要是自己的孩子在学校被打了，我也会生气，但首先还是要保证自己孩子的身体健康。可因小明家长不愿意带孩子就医，且在气头上，所以我提出再去看一眼孩子的伤势，稍后会给他们回复。可没想到的是，小明爸爸却直接挂断了我的电话。

当我再去找小明时，他表示已不疼，同时承认自己的过错，我当即在他面前给他的父母打电话，示意小明亲自跟父母说一下自己的情况，可小明爸爸说不需要让孩子接电话。也许是在两次电话的间隔里，小明父母已调整好自己的情绪，并表示他们刚才情绪激动，其实他很赞成我的处理流程，还表示小孩子之间的打闹不会造成很大的伤害，回家会好好教育孩子。

其实，小明的父母给我的第一印象是很支持学校、配合老师工作的，开学不到两周，他们两次以家长志愿者的身份到校帮忙，因此我没想到上午的沟通如此艰难。在第二通电话中，我没有过多地复述孩子之间的矛盾，也没有再与家长理论。

当天下午，我除了关注小明的伤势以外，也及时向小明爸爸反馈了孩子的情况。同时，我一直在思考上午处理整件事的流程：孩子发生矛盾—了解情况—察看孩子伤势—做出判断，联系家长—建议就医，多次沟通—关注孩子身体，也回忆在与小明家长沟通的过程中，我的表述是否存在问题。

晚上，我再次致电小明爸爸，询问小明的情况，对于我的第三次电话，小明爸爸感到诧异，他表示自己的情绪没有控制好，也害怕因为自己的情绪问题导致老师日后对小明有偏见。我心平气和地跟他说明了我这通电话的意图：一是再把早上发生的事梳理一遍，包括我的处理方法，在处理这件事情时，我并未偏袒任何一方；二是给家长打强心针——老师只对事不对人，今天的事情只是两个孩子不懂得如何与别人相处，相信通过今天的教育，他们会成长，老师日后还是会公平、公正地对待每个孩子；三是告诉家长我的态度，老师也是有原则、有职业操守的人，建议家长要全面、辩证地看待问题，不要在事情还没了解清楚之前就单方面地"护犊子"，给老师和其他孩子贴标签。

家庭教育是我们每个人最早接受的教育形式，它对孩子的成长至关重要。一个孩子一生中最重要的教育，实际上是人生开始阶段的家庭教育。家庭是孩子的第一所学校，父母是孩子的第一任老师，也是终生的老师，因此家庭教育的好与坏将直接影响学校教育的成败，也会影响孩子的一生。

所以，父母的教育对孩子的影响尤其重要，孩子本身是一张白纸，若想让他朝父母期待的方向发展，只需要在这张白纸上用画笔添上不同的颜色。但是，有时候父母的一句话或一次引导，就会影响孩子的身心发展，这时候，及时的家校沟通就能把事情引向正道。

在这次沟通中，如果家长与教师之间所产生的情绪处理不好或者不及时，就会造成双方情感上的隔阂。因此，理性的情绪是家校间有效沟通的前提和起点。在教育的终极目标上，家长和教师是一致的——都希望孩子健康成长。工作中，班主任难免会遇到各种类型的家长，因为种种原因，教师可能会受到家长的批评、质疑，甚至是责怪。教师如果不能换位思考，站在家长的立场上思考问题，就很容易被家长的情绪所左右，形成对立局面。面对家长一些过激言行时，教师一定要提醒自己保持克制和冷静，并保持同理心。因此，在教师与家长沟通时，双方都需保持理性的情绪，这样才能达到家校协同、家校共育之目的。

守护家校沟通平台，维护良好沟通氛围

刘兰坤

微信群为人们提供了方便的联络渠道，构建了群体讨论问题的空间。建立班级家长微信群，是为了方便教师及时将学校的有关要求以及通知发送给家长，并接受家长的反馈，提高家校沟通的效率。然而新接了六年级毕业班不到一个月，我们班的家长微信群就出现了一次家长不良沟通危机。

周四晚上9点多，江同学的妈妈在班级微信群直接艾特（@）肖同学的爸爸，说："我家孩子走在校园里被你家肖肖平白无故打了，你说你家孩子可恶不可恶？"在不知情的情况下对方家长很理智，发送了态度良好的回复："你好！你能发个定位吗？我带着孩子过来当面解决他们之间的矛盾，好吗？"可江同学妈妈不但怒气难消地回复："没空，问自己小孩去"，还继续愤愤不平地说，平时就听儿子回来说过好多次，肖肖不是骂他就是打他，他讨厌肖肖，他想离他远一点儿。她一直以为是自己家孩子太惹是生非了才会被打，就叫他别找事，离肖肖远一点儿，不和他玩。现在听孩子说惹事的是肖肖，而且很多同学都讨厌肖肖。这下肖同学爸爸不乐意了："你这是什么意思？"在你来我往的交谈中，双方家长的语气越来越不友好，措辞越来越激烈。本是两个学生之间的矛盾，一下子变成了两个家长之间的矛盾，一时间在家长群掀起了一股极其不和谐、不友好的交流氛围。因为要哄小孩睡觉，我看到群里信息的时候已是 10 点多了，中途只有一个充满正义感的家长出来说话："江同学妈妈，请先放好心态，把小孩的事情转嫁到家长身上性质就变了。我们是帮助小孩解决问题的，不是为小孩制造问题的！"结果江同学妈妈更加不依不饶地在群里说："被打多了就会有自卑心理。这次连他妹妹都看不过去了，和我说哥哥无故被打，我若还是不管不问，这将会对她——一个低年级的小孩子造成价值观的扭曲。"

本来困意十足的我，看完班级家长群里的几十条信息后，在震惊之余，更是陷入了深深的焦虑。作为年轻教师，我在当班主任的这些年里从没遇到过这种情况，尤其是面对还不是很了解的新班级、新学生和新家长，我真是不知所措。但作为班主任，不回复肯定是不行的。于是我思考片刻，发送信息回复："两位家长晚上好！刚看到群里的信息，对两位同学存在这么严重的矛盾，我感到震惊，明天我会找这两位同学了解清楚到底怎么回事，再私下跟家长沟通解决。每个孩子都是家长手心里的宝，每位家长都应爱护自己的孩子。看得出我们班的家长都是很关心孩子的，在这里，我希望家长们能跟自己的孩子说，如果同学之间发生矛盾，要学会沟通解决，自己解决不了就要及时告诉老师和家长。这样我们大人才能帮忙及时地解决问题，不要将矛盾堆积、深化。孩子们都是同窗共度六年小学时光的同学，希望大家都珍惜这段美好缘分。平时发生冲突、有一些小矛盾可能在所难免，老师和家长要做的就是问清缘由，帮助孩子及时化解矛盾，解开孩子心里的疙瘩，这样他们才能健康成长，才能更好地把精力放在学习上。"

第二天一早，我便把当事人叫到办公室来了解情况。经过一番询问我了解到，其实不过是两位同学因为平时的一些小摩擦互相看不顺眼，所以就上演了江妈妈口中所谓的他孩子在校园里无缘无故地被打的事件。我耐心地了解了事件的来龙去脉，事实并没有受欺压、受委屈的一方，双方都是你叫我小名，我也给你取外号，你打我我也还手的情况。我严肃批评、教育了他们之间不文明的行为，帮助他们反省并认识到自己的一些错误言语和行为。从学生的反应看，他们的认错态度是良好的，能接受我的建议：用笔写出自己哪些地方做得不对，以后要怎么做；也写出对方同学的哪些行为或言语是自己不认同的，并希望对方同学以后怎么做或者怎么对自己。双方坦诚相待后也都愿意道歉和改正，并表示会珍惜同学情谊，以后友好相待。学生之间的疙瘩算解开了，但我并没有如释重负的感觉，因为我深知家长之间的问题还没解决。我稍加思考后决定，放学后请双方家长来办公室，让两个孩子当着双方家长的面再次把事情的来龙去脉说清楚；在家长都在场的情况下，老师公平、公正地处理这件事情，老师和家长一起教育孩子明事理、讲对错。俗话说见面三分情，江同学妈妈没有了咄咄逼人的言行，比较理智地和对方家长进行了沟通，大家都能够彼此理解，随后事情得到了良好解决。最后，作为班主任的我还跟家长提出了以下建议：

班级群是一个公共群，孩子之间发生的矛盾请不要在群里公开讨论。若发生类似的事情，一经发现，我会严肃处理。请信任老师，理由如下：

第一，班级群主要是转发与孩子学习相关的信息，是为了方便家长关注孩子的学习。

第二，无论是哪一方家长，都需要保护孩子的隐私。

第三，公开讨论不一定能妥善地解决问题。老师能够理解家长的心情，但家长要站在孩子的角度、站在班级的角度去考虑，希望大家明白。

这段话也发到了微信群给全体家长知悉。从此我们班的家长群就没有再出现过类似事件。

这次事件的处理方式为什么能够取得一定的效果呢？我也在总结：

第一，大多数家长都不希望自己的孩子受欺负、受委屈。面对突发事件，教师要有共情沟通能力，虽然明知对方的一些言语和行为不恰当，但也要先表示理解，这样家长才会配合教师接下来的教育工作。

第二，国有国法，班有班规，作为公共沟通平台的班级微信群也要有规则，特别是互联网时代，如果一开始建群的时候就把家长们要遵守的规则立好，并且发布给家长知悉，可能就不会出现这次的班级群沟通危机事件。但是如果前期工作没做好，就算发生了措手不及的事情，也要及时行动、及时反思、及时解决。

第三，作为班主任，还应引导家长正确教育自己的孩子。

互联网时代迎来了家校沟通的新样态，班级微信群是不可抵挡的时代潮流，也是一把双刃剑。它不仅是家校沟通的新阵地，也是班主任管理班级的新阵地，除了机智化解群内的沟通危机、建立规则、营造健康向上的交流氛围外，每一位班主任都应该思考如何建设好班级的家长群。于我而言，它可以是班级发布信息的平台，也可以是家校沟通的彩虹桥，还可以是学生展示自我的舞台和家长提升教育力的学堂。

信任，让"心"的沟通更有效

黄文意

我们常说：相遇是一种缘分。因为孩子，教师和家长才有了这段缘分，这是一场源于爱和信任的邂逅。毋庸置疑，有经验的教师更能有效地处理家校沟通的问题，一是源于过往的经验积累，二是因为家长们对有经验的教师会更有信任感。作为年轻教师，面对家校沟通时也许需要付出更多的时间和精力。虽说教师和家长是一种合作关系，大家都是为了孩子更好的发展，理应是战略同盟，但我们往往会遇到以下这样的现象——也许是一年级的学生家长过度关注孩子的成长，抑或是他们对年轻教师的不信任，总会有家长给教师发以下信息：

"老师，我的孩子喝水比较少，请您记得提醒他喝水。"

"老师，我的孩子吃饭比较慢，请您关注一下他的吃饭情况。"

当你发了一张同学们进班后安静阅读的照片，有的家长马上私聊你说：

"老师，孩子到教室后可以叫他把口罩摘下来了。"

"老师，上完体育课太热了，让孩子把外套脱掉……"

以上种种，仿佛把教师当成了专职保姆，家长全然忘了这些事情孩子们可以自己做好，而且这些内容根本算不上是沟通，只是单方面的指令罢了。

那么，年轻教师该如何更有效地和家长沟通，增加家长的信任感呢？

首先，我们要明白，家长的不信任源于对孩子的不放心，那如何增加家长对教师的信任度呢？我们应该让家长看到我们对孩子的用心。

开学带班的时候，我曾遇到过这样一位对孩子事事关心的家长，关心他孩子的喝水、上厕所、吃饭、休息等各方面问题，也提出了各种好意的建议。作为教师，我明白家长们对孩子的关心及不放心。所以在刚开学的几天，教师们几乎都是全程陪同，孩子们上课、课间、吃饭、午休等所有在校生活的点滴，教师都会在班级微信群里分享，家长们看到孩子在学校适应得这么好，慢慢地也就放心了。

但仍有个别家长不放心怎么办？特殊现象特殊对待。先要给家长吃一剂定心丸，家长事事关心、提醒，说明他对自家孩子的不放心是个例，我们就个性化处理。在他发来信息询问孩子是否好好喝水、好好吃饭等问题之前，我先发制人，在课间拍下他孩子的桌面：摆好了下节课要用的书和文具，椅子推好了，桌底没有任何垃圾。我还给家长发了这样一条信息：

"小杰爸爸您好！这是孩子下课时的桌面，当所有小朋友都着急出去玩的时候，小杰提前做好了课前准备，并保持'个人区域'的整洁，全班只有少数同学做到了，特别了不起。老师在班上表扬了他，并奖励了他一张雅正卡，请您回去也夸夸他。"

小杰爸爸收到信息后特别高兴，连忙感谢老师。这一举动让家长知道自己孩子在学校的行为习惯保持得不错，一定程度上也让他放心了不少。

接着，我利用机会请他的孩子上台分享故事，并拍下照片发给家长，说孩子今天在全班同学的面前讲了一个故事，我表扬他故事讲得好，认识的字也比其他同学多，非常了不起！

　　这时候，家长就从对孩子生活的关注转向了对孩子学习的关注，这是一个好的起点，引导家长关注孩子的表达力以及自信心的培养，家长听了老师对孩子的表扬也很开心，之后再也没有问过孩子在学校是否喝水、睡觉等生活问题了，而是转向了询问孩子上课情况如何。这是建立家校良好沟通氛围的第一步。其实孩子的学习能力和行为习惯，才是我们需要着重沟通且共同努力的部分。

　　其次，要有意识地让家长增强对教师的信任感，即让家长感受到你对他的孩子是关心的。具体如何做呢？照片发群里和单独发是很不一样的，表扬的照片发群里，被表扬孩子的家长会感到特别光荣和高兴，而其他没被表扬的家长内心会有想法：怎么没有我的孩子？难道我的孩子不优秀吗？所以如果你把照片私发给家长，不管这张照片是你在孩子吃饭的时候随手拍的，还是在课间孩子看书时随手拍的，家长看了都会有不一样的感觉：老师单独发给我的耶！说明老师很关注我的孩子！有了这样的感觉，家长会更加信任老师，因为他内心知道老师对他的孩子是关注的、用心的。这是我们教师需要特别留意的，因为很多时候我们付出了很多，对孩子们也确实很用心，但是家长们看不到。而拍照片私发是我们用心的一种见证，我们相信每一位教师都是深爱着自己的学生的，至少对自己的学生是能做到认真负责的。

　　最后，教师一定要了解自己的学生。针对孩子的情况要主动联系家长，孩子生活习惯、学习习惯的培养是需要家、校共同努力的，孩子的进步要第一时间让家长知道，即使它是一张简单的照片或者几句简单的鼓励话语；孩子的行为习惯出现问题，我们也要第一时间联系家长，共同制定有效的教育方法，针对孩子出现的情况共同努力解决。

　　比如孩子在校个人卫生情况较差的，教师可以拍下照片发给家长，让家长能及时了解孩子在校的卫生情况，同时请家长协助，建议孩子在家学会每天做完作业后自己收拾书包文具、整理桌面，做好之后家长可以发一张照片给教师，让教师对孩子进行语言鼓励；同时，如果孩子在学校个人卫生情况有进步了，教师也可以拍照和家长分享喜悦。通过这样的有效互动，能让家长感受到自己和教师是教育同盟，家与校是共同体，大家应该心往一处想。如此一来，沟通怎能不越来越轻松呢？

信任，是家校沟通的一座桥梁，只有彼此信任——家长相信教师对自己孩子是用心负责的，教师坚信家长对自己的工作是支持配合的，我们的教育工作才会更加高效，孩子的成长才会更加顺利。

一次"惊心动魄"的家长会

杨 慧

2018 年是我从教的第四年，也是担任班主任的第四年。前三年里摸爬滚打、跌跌撞撞，虽经历过鲜花与掌声，但更珍贵的却是用爱心和责任心凝聚成的点滴感悟。三年来，六个学期，六次家长会，每次体验都那么独特，回想起来，其中一次家长会始终让我印象深刻，只要记忆的大门被触及，浑身都会再次"充电"，满血复活。它像一本书，更像一记警钟，时刻告诉我、提醒我：教育不光需要一腔热血和对学生的关爱，作为教师，更要注意爱的方式和爱的智慧。

2016 年第二学期的第十三周，学校举办了二年级的家长会。两个月以来，每每想到这次家长会我都无法入眠，好几次晚上入睡前一想到家长会时该如何跟家长"摊牌"，焦虑的情绪就会导致我整个晚上都失眠。我之所以焦虑，不是因为无话可讲，也不是因为惧怕家长，而是因为想说的话实在太多，而我却不知如何将我的意愿在 40 分钟内准确地表达出来，如何言简意赅地说服家长，如何让家长更加了解且相信我。想到这些，我就在心里不停地打腹稿。在准备家长会发言稿时，我拟好了提纲，并按照提纲做了极其简单的 4 张 PPT。我不准备对着 PPT 念，这 4 张课件仅仅是一个提示，而课件背后的故事及发言我在心中已彩排了无数次。

开家长会前，德育处召开了一次班主任会议，请了学校里经验丰富的班主任王范艳老师来做分享。由于她分享的案例和我们班的情况类似，刘庆兵校长就推荐我向她请教如何处理此类事情。王范艳老师将当年事情的细节完整地告诉我，并提醒我处理的原则。从那时起，我便决定下次家长会时要解开家长心里的结。王范艳老师的发言稿里有句话打动了我，"每个人都有长处，每颗心都有温度"，我果断地将它作为这次家长会的主题。这一次家长会将没有点名奖励，没有习惯解说，没有作业讲评，没有各项要求，仅仅是一个故事，一个关于"熊孩子"不"熊"的故事。而这个故事，还得从一年级说起。

一、缘起

我们班有个名叫旭的孩子，一年级开学时，他比较爱打闹，开学一个月，他与班上 20 多个孩子打闹过。我在班上针对这件事情引导过孩子们，告诉他们要用友好的方式玩耍，之后孩子们基本不会主动去碰人。但是这个孩子由于受小区同龄玩伴的影响较多，父母管教较少，所以当他想和某位同学玩耍时，会用手去试探性地挑衅，如拍一下或者踢一下别人。其他同学当然不喜欢这种方式，很多孩子选择躲开，也有少部分孩子选择还手。这个矛盾终于在开学一个月后的"天天练"课堂爆发。我一进教室，就有一个学生"投诉"旭在宿舍唱不文明的歌谣，接着大家开始七嘴八舌地说起来，有人说被旭打过，有人说旭经常唱不文明歌谣。由于有这么多目击"群众"，旭只得一一承认。发生这件事后，我当即利用下午的道德与法治课在班上进行询问。请全班被旭以不文明方式对待过的同学举手，并引导旭主动承认错误，一一道歉。接着我问旭，有没有别的孩子也用不文明的方式对待过他，这时有七八个孩子主动站了起来，他们也一一向旭道歉，并保证以后要用友好的方式交往，双方都愿意请对方监督自己。这件事情过后，旭的进步很明显，之后再没有打过任何人。

事情过了很久，临近期末，有一天我突然接到一个家长的电话，该家长反映班上有一部分家长准备去校长办公室投诉。在家长私下建的"小群"里，旭变成了一个打遍全班、学习差、习惯差、品行差、无恶不作的孩子——我意识到家长们误会了旭。孩子们无法准确界定打人的含义，认为碰了一下也是打，当我在班上处理旭的"打人风波"时，孩子们印象都比较深刻，回家之后也许会跟父母交流。但可能孩子们转述的只言片语、不全面的描述让家长误以为自己的孩子天天被旭打，但他们不知道旭已经改过自新，再也没有打过任何一个孩子，现在的旭是一个热爱学习的孩子。没有完美的孩子，我们不能因为孩子曾经犯过一次错误就让他失去教育的机会。家长们心存疑虑，如果不采取行动澄清事实，而是任由家长私下传谣，误会将被加深。我立即将事情的前因后果向那位家长一五一十讲明，感谢他及时告诉我这个消息，同时我也告诉他可以来班里向孩子们了解旭在学校的表现，并请他向其他家长转达事实。与这位家长通话结束后，我立即与旭的妈妈通电话——这是我第一次和这位妈妈通电话，之前我因旭在班上违纪与家长沟通时，父母的反应开始比较配合，后期比较冷淡，旭犯错后，他爸爸经常会用武力解决问题，而妈妈没时间管理孩子。与家长通过电话之后，我了解到其实旭的妈妈教育理念跟我一致，只是苦于自己分给旭的时间较少，所以疏忽了对旭行为习惯的教育，今后她会配合我，给旭更多的爱、陪伴和引导。后来旭的表现一直在好转，学习兴趣也日渐浓厚。

这件事就这样平息下来，期末我们平安度过，一年级下学期前两个月也平安度过。直到有一天，我开完班主任会议回来，辅导员老师告诉我，上"阳光体育"课时，旭看到一个女生没站稳跌坐在地上，跑过去踢了一脚，女生当时哭了，辅导员看了一下伤势，没有破皮流血，不知是否有内伤。辅导员老师立即通知双方父母，女生的妈妈当时在香港，说晚点儿回来了解情况，旭的父母知情后表示会立即联系对方家长了解孩子伤势，承担责任。女生已经被她的阿姨接回家，旭也已经放学回家。本以为双方家长各自联系协商解决。但第二天，我发现女生走路一瘸一拐，晚上女生妈妈打电话给我，问有没有可能让旭退学。这位妈妈说道："今天放学我忍着内心的疼痛，带着女儿走到旭的跟前，他很亲切地叫我阿姨，我问他以后可以帮阿姨保护我的女儿并和她做朋友吗？旭很快答应了，接着我问他为什么看到我女儿跌坐在地上不去扶她，反而踢了一脚？旭却回答了一句'我就是想踢一脚'。"这位妈妈被这句"我就是想踢一脚"伤到了，她判断旭是一个有攻击倾向的孩子，以后对自己的孩子可能还会有伤害，对其他孩子也可能有更多的伤害，这样的孩子在班里就是一个"定时炸弹"，她不放心，其他家长也不放心。接着，我发现这位妈妈当天在自己的微信朋友圈发了自己孩子一瘸一拐在校园走路的背影，并配上标题"哎，又受伤了！"，下面有很多我们班的家长来"围观"询问情况。这位妈妈把她和学校校长微信聊天记录截屏给我看，表示校长很关心自己女儿受伤情况，并询问她是否需要校长出面处理。这位妈妈也把家长的"小群"截屏给我看，聊天记录里显示，其他家长说旭打遍全班，爸爸都不管，等等。一串串负面言论和指责，让我明白了为什么她会问这个孩子能不能退学。也许不是她一个人在问，而是她身后的一群人都在问。但此时班级微信群里静悄悄的，原来这就是表面风平浪静，底下暗流汹涌。

我明白这件事情已经不是一次简单的受伤事件，如果放在其他两个孩子身上，可能已经处理好了，但肇事者是旭，这下"新仇旧恨"一起来了。旭不可能退学，他只是个 7 岁的孩子，他犯的错误许多孩子都会犯，他的父母也一直在赔礼道歉，要求上门承担责任，但一直被这位妈妈拒之门外。另外"小群"里私下的言论不知道还有多少莫须有的标签在等着旭，如果不处理好，家长们可能又要来第二次"请愿"了。当天我找了女孩和旭，问清楚了事情的前因后果，为了怕家长误会，我将手机录音打开，女孩告诉我她是自己跌坐在地上，当时她还在笑，因为觉得不小心跌倒了很好玩，旭看到自己笑着就跑过来踢了一脚，但是刚好踢到以前受过伤的地方，所以很疼，但旭不知道情况。我问旭为什么不去扶，还去踢一脚，旭说"我想跟她玩"。这句话是一个 7 岁孩子的心声，可是那位妈妈没有听到，她只听到前面那句"我就是想踢一脚"。旭说："我看到她坐在地上好玩，想跟她玩闹，所以踢了一脚，但是不知道那脚会让她那么疼，也不知道她会因此受伤。"女孩说："老师，我已经原谅他了。"旭说："老师，我以后再也不会用这种方式去跟人玩了，因为别人不喜欢。"孩子的矛盾解决了，可家长的矛盾还没有解决。

当天放学后，我邀请女孩妈妈来校和我沟通，妈妈因为要照顾女儿走不开，于是我放下手中的工作，来到了女孩家里和女孩妈妈长谈了 3 个小时，最终解开了她的心结。第一，这个孩子没有打遍全班，他从第一次风波之后就再也没有打过人，而且打的方式跟家长理解的不是一个性质；第二，孩子受伤，家长心疼的心情我们理解，旭是有错在先，但家长一直拒绝与对方家长沟通，而是在家长之间讨论、酝酿、信谣传谣，不给孩子机会改正，这对整件事情及自己的孩子没有任何益处。说服这位妈妈后，我立刻给在惠州出差的旭妈妈打了两个小时电话，跟她说明了情况，并约她、女孩妈妈和我一起面对面沟通一次。旭妈妈立即和我约好时间。走出办公室时已经晚上 11 点 30 分了，虽然没有吃晚饭，但我心里的石头落下了。经过多番协商，会面终于约在了两位妈妈都有空的周六晚上，我们 3 人长谈了 3 个小时，女孩妈妈表示自己现在对旭已经没有成见，只是请旭的父母要多加关注孩子、陪伴引导孩子。

旭的妈妈表示造成的伤害已经无法挽回，对女孩妈妈感到万分抱歉，自己也一定会想办法克服困难将旭留在自己身边抚养。虽然两位妈妈目前已经谈好，可是后面还有一群家长，以后当旭再不小心弄伤其他同学时，会不会又在其他家长那儿引起轩然大波？我把这个疑虑告诉旭妈妈，也建议她单就这次事情，在班级微信群里发这样一段话："雯雯妈妈，您好，上周旭在阳光体育课上把雯雯弄伤了，我们做家长的十分愧疚和抱歉，也愿意承担雯雯的一切医疗费用，今后我们会对旭的行为习惯多加关注。见谅。"同时，我也建议雯雯妈对旭妈妈的发言进行回复。接着我会对这次事件进行总结，告诉家长以后再出现此类事情的正确处理方式。所有的言语措辞我都已经编辑好发给两位妈妈了，可是回到家后，旭妈妈可能碍于情面没有接受这个建议。

二、缘生

　　每个孩子都会犯错，旭也不例外，如果他再次犯错，部分家长是否又会群起而攻之？孩子经不起这样的冲击，我们班也经不起这样的冲击，所以，这件事情虽然告一段落，但其他家长对于旭的成见也成为我的心结，我希望通过这次家长会，能和所有家长达成处理孩子矛盾的共识，确定好受伤事件处理的原则。也让所有家长知道事情的原委，不要再加深对旭的成见。为了能让家长们了解我的初衷，纠正部分家长间的谣言，也为孩子们营造一个和谐、友善的班级氛围，我两个月都没有好好睡过觉，直到家长会开始的前一分钟，我都在打着腹稿，其他班级都是许多页的PPT，而我的只有4页。我跟同事交流这次家长会的内容时，同事们都说："你胆子真大！今天的家长会估计会惊心动魄！"

　　我知道，当天会议内容可能会得罪一些家长，但如果不说，以后发生了我不希望发生的事情，我会后悔，也是对孩子的不负责任，所以我鼓起勇气说出来，不是为了批评谁，只是想心无旁骛地把自己的全副身心放在孩子们身上，我想这也是家长希望看到的。那天，我从一年级上学期开始讲起，把旭的3次"风波"讲完，把我和孩子、家长之间的故事讲完，讲到最后，我的眼泪不自觉地流下来，眼泪里有对孩子的同情，也有一份我执着教育每个孩子、不放弃任何一个孩子的心酸。最后的5分钟里，我一边一字一句地说着，一边任由眼泪啪嗒啪嗒往下掉。有家长给我递纸巾，也有许多妈妈眼眶都红了，教室里十分安静，我讲到哽咽处，家长们都鼓起了掌，最后我讲了这样一段话：

　　"作为一名教师，守护孩子在校的安全是我们的第一责任。不过孩子们的年纪还小，虽然已经再三强调，但活泼好动是这个年龄段孩子的天性，在平时的相处中有些磕碰在所难免。一旦发生了安全问题，老师都会及时联系双方家长，尽我们所能把事情妥善处理好。同时我们也会继续在班上加强安全教育。在事情发生后，旭父母态度十分诚恳，一直在想办法补救并积极沟通解决方案，女孩的妈妈也十分大度地配合，两方家长都一直在努力解决这件事情，为的是让孩子早日回归到正常的学习中。但这件事情发生后，有极个别家长在未求证事实之前就传播了对孩子不利的言论，不仅给两位孩子和家长造成了间接的伤害，也影响了孩子之间的团结。班级是一个整体，每个人都是班级的一分子。小朋友如是，家长亦然。如果小朋友之间有矛盾，解决问题的最佳方法是：孩子之间能解决的问题我们给他们机会自行处理；如果他们不能解决的，希望各位能直接找老师或双方家长点对点沟通，而不是在求证事实之前宣泄情绪，片面地去发表言论或牵扯过往，使得问题更棘手，也使两方受的伤害更深。作为班主任，我希望各位家长不要给任何一个孩子贴标签，每个孩子都会犯错，都需要教育，都需要给予成长的机会。谣言止于智者，如果您想了解事实，请直接找我沟通。家长是孩子最好的榜样，多给孩子栽花，少给孩子栽刺，希望我们班能成为真正团结向上的集体。今天别人的孩子犯错您不给机会，未来的哪一天说不定您的孩子犯错后也会经历相同的遭遇，所以给别人的孩子机会，也许就是给自己的孩子机会！班上 49 人里，只有一个是您的孩子，可是这 49 人全是我的孩子，假若有人想伤害其中一个，就是想伤害我，我会拼尽全力保护每一个孩子，因为他们是一个整体！请各位家长不要伤害我，更不要伤害这些才 7 岁的孩子！谢谢大家！"

三、缘续

全程没有惊心动魄的剧情，教室里很安静，只有我一个人在说，家长们全都注视着我，有一些妈妈跟着落泪。会议结束后，家长们默默走了出去，有的带着些许歉意的眼神，许多家长私下给我留言，表示自己受到了很大的震撼，不知道在过去的一年里发生了这么多事情，今后会更加坚定地支持我、配合我。我一个人坐在会议结束后的教室里，内心波涛汹涌，久久不能平静。这是我第一次用如此真实的状态面对如此多的家长，它也让我欣慰，那么多的无眠之夜都是值得的，教师的真诚和对孩子、对班级的真心，可以融化任何一位家长的心。以下是其中两位家长的留言：

"杨老师，我是垦垦的爸爸。作为家长，我很感激您对垦垦的教导。我相信，只有对孩子严格要求才是对他们最大的负责任，因为严师出高徒。孩子在学校不只学习科学知识，还要懂道理、明是非。学校也是一个小社会，我希望他能够在这个环境里健康成长、认真学习，同时还要慢慢明白一些做人的道理，懂得与朋友的相处之道。孩子每天在学校与老师、同学相处的时间比和我们家长在一起的时间还长，如果没有老师正确引导，是很难养成良好的习惯、正确的人生观和价值观的。我们希望您能够一如既往地严格要求孩子，作为家长，我们会尽最大努力配合和支持老师的工作，认真地教育和培养孩子。最后，再次感谢您的辛勤劳动。"

"杨老师您好，我是成功的妈妈，衷心感谢您的用心与付出！同时也感恩您能乘着风雨交加的'船'，一直不离不弃地努力前行！家长会回来后，我久久未眠，真心觉得我与孩子是幸福的！虽然我不能左右其他家长的想法，但我发誓会尽我最大的努力完成属于我的那份家庭教育责任。还是那句话：无论其他家长说什么或者做什么，请您坚定地带着孩子往前走，因为我相信您！"

以前，因为我年轻未婚，家长们私下里可能觉得我还没有当妈妈，很多事情不能设身处地为孩子着想，所以有问题他们都喜欢私下在"小群"里讨论。这次家长会之后，家长们仿佛形成了某种默契，他们会经常和我交流孩子的情况，有任何问题第一时间私信我，偶有两个孩子发生矛盾，双方家长也能够积极、理性地处理问题。虽然旭依然比别的孩子多一些小问题，但他也在和同学们的相处中成长着。在从事教育的这条路上，我终于体会到，原来再苦再累、付出再多，只要看到、感受到孩子们正在变得更好、更快乐，我则甘之如饴，无怨无悔！

一切，始于尊重

刘美玉

"刘老师，这个家长太不讲理了，他说我管得着吗？……"我刚走进教室，宿管员李姐便迎了上来，满脸通红，眼睛里还噙着泪花。我连忙安慰她，让她先平复一下情绪。

原来是小其。一年级的小其刚入学，一到午休时间就特别兴奋，要么小声说话，要么翻来覆去弄得床板吱吱响，要么就是睁着眼睛，两只小手在空中乱舞……宿管员多次提醒仍不奏效，她还曾被巡查的值日老师登记了名字。宿管员尝试跟她爸爸沟通，她爸爸却理直气壮地说："我家孩子从小就不需要午休，她中午睡了晚上就睡不着了。"总之一大堆理由。这一天，午休铃结束很久了，不安分的小其以为宿管员不在，又开始找同床说话，还越说越大声。宿管员把她叫到宿舍门口，当着孩子的面打电话给家长，谁知家长在电话里大声嚷嚷："这么小的小孩，说说话很正常，你一个保姆，管得着吗？"说到这，宿管员大颗大颗的眼泪滚了下来，一脸的委屈。

"你管得着吗？"这样一句粗鲁的话后面折射出家长对待老师的态度，也反映了家长解决问题的思维，更体现了家长个人的修养问题。小其家长的性格可能比较急躁，遇事冲动，对事态的轻重和孩子的行为习惯等都缺乏正确的判断和评价，喜欢站在个人立场上想问题，爱面子、爱抱怨。但是，既然事情发生了，作为"一家之主"的班主任，此时我必须站出来"主持正义"，重建家校关系。

我私下里去找小其了解情况，小其可怜巴巴地望着我说："老师，我再不敢小声说话了！我爸说，要是我再被'投诉'，就不让我来上学了！"原来如此，我安抚一下她，并再次强调了学校午休的规则，便让孩子先回座位了。第一天，我按兵不动；第二天，我继续按兵不动，我没有给小其爸爸打一个电话、发一个信息。直到第三天，我觉得时机来了，主动发了一条简短的信息，邀请小其爸爸来校跟老师沟通交流。离面谈时间还有 30 分钟，小其爸爸就发信息告知我，他已经在校门口等待。面谈时间到了，我把小其爸爸请到办公室后面的接待区，不失礼貌地邀请他坐在沙发正中间，并满脸笑意地倒上一杯茶。这位爸爸——一位成功的企业家，这个时候却像个犯了错的小学生。我赶紧寒暄几句，接着我把孩子最近这段时间表现好的方面都好好地夸了一下，还为家长在孩子学习上的监督与配合点赞。

这位爸爸这才舒缓一下自己的肢体，拧紧的眉头松开了，方才不知道放哪的手脚也自然了。我探了探身子，继续向他讲述孩子在某一节语文课回答了哪几个问题，课间还帮我捶背、发作业等。他一边听一边连连点头，"都是老师教导得好啊！"我接着他的话，摆摆手说："哪里，您的孩子，我的宝贝，这是我们共同努力的结果！"话说到这，我便打住了！一时间，面谈气氛有点儿尴尬。

小其爸爸稍稍把身子挪了挪，诚恳地说："刘老师，您看您把我叫过来，应该不只跟我说这些吧！"我没有说话，只是提醒他喝口茶，慢慢聊。这下他坐不住了，几乎是从沙发上弹了起来："老师，对不起，那天中午接到宿管老师的电话时，我太冲动了，说了不该说的话！"

我示意他坐下来，平静地说："我知道，那天您正在高速公路上，本来就着急赶路，听到孩子在宿舍又违纪了，心里肯定更上火了！宿管员关注到了孩子，向您反馈孩子的情况，这是她的职责。而您的责任是在家教育引导孩子遵守学校规定。双方合力，这样才能把孩子教育好。您说是吗？而且，您解决问题的方式，孩子可是都看在眼里呢！"小其爸爸有点儿不好意思，忙问："老师，我回头就跟宿管老师道歉。不好意思，给你们添麻烦了！"晚上，宿管员发了张截图给我，上面是小其爸爸给她发送的道歉信息。后来，小其非常遵守午休纪律，还获得了宿舍"自理小能手"称号。

在整个事件中，我尽量保持理性，柔中带刚，温和而坚定地把握好了处理事情的原则。了解事情的全部经过后，我先是按兵不动，给对方留一定的时间反省，接着再主动沟通，先发制人，引导家长正确处理问题。良好的家校沟通关系，关键是要基于尊重，只有尊重，才能在家校之间架起一座沟通的桥梁。